ACADEMIC

KOREAN WRITING

Intermediate Level Ⅱ

대학 강의 수강을 위한

한국어 쓰기

중급 Ⅱ

연세대학교 한국어학당 편

연세대학교 출판문화원

대학 강의 수강을 위한

한국어 쓰기 (중급 II)

편저자 연세대학교 한국어학당 교재편찬위원회
집필진 김미옥 · 민지숙 · 윤은미 · 이기성 · 김미정 · 최주
리**펴낸곳** 연세대학교 출판문화원

주소 서울시 서대문구 연세로 50
전화 02) 2123-3380~2
팩스 02) 2123-8673
ysup@yonsei.ac.kr
http://www.yonsei.ac.kr/press
등록 1955년 10월 13일 제9-60호
인쇄 (주)화신문화

2012년 2월 28일 1판 1쇄 2025년 9월 29일 1판 12쇄
ISBN 978-89-7141-994-6 (08710)
978-89-7141-987-8 (세트)

값 12,000원

머리말

국내 최고의 명성으로 한국어 교육의 50년 전통을 이어 온 연세대학교 언어연구교육원 한국어학당에서는 한국어 교육의 질을 높이기 위해 그 동안 많은 교재를 편찬해 왔다. 최근 한국 내 대학, 대학원에서 수학하고 있거나 진학하고자 하는 외국인이 증가함에 따라 학문을 목적으로 하는 한국어 교재에 대한 학습자들의 요구가 높아지고 있다. 이에 따라 연세대학교 언어연구교육원 한국어학당에서는 대학 수학을 목적으로 하는 외국인 유학생들을 대상으로 한국어와 한국 문화를 교육할 수 있는 새로운 교재를 출간하게 되었다.

연세대학교 언어연구교육원 한국어학당에서 출간하는 이 교재는 대학 생활에 필요한 의사소통 기능을 집중적으로 향상시킬 수 있는 『대학 생활을 위한 한국어』 시리즈와 대학에서의 수학 능력을 집중적으로 향상시킬 수 있는 『대학 강의 수강을 위한 한국어』 시리즈로 되어 있다. 『대학 생활을 위한 한국어』 시리즈는 초급 학습자를 위한 『대학 생활을 위한 한국어 초급』, 중급 학습자를 위한 『대학 생활을 위한 한국어 중급 I』, 『대학 생활을 위한 한국어 중급 II』로 되어 있으며, 『대학 강의 수강을 위한 한국어』 시리즈는 중급 학습자를 위한 『대학 강의 수강을 위한 한국어 중급 I』, 『대학 강의 수강을 위한 한국어 중급 II』 그리고 고급 학습자를 위한 『대학 강의 수강을 위한 한국어 고급』으로 되어 있다.

『대학 생활을 위한 한국어』 시리즈는 한국어 학습 단계별로 요구되는 내용을 주제로 말하기, 듣기, 쓰기 능력을 향상할 수 있도록 다양한 과제와 활동으로 구성된 분리형 교재이다. 그리고 『대학 강의 수강을 위한 한국어』 시리즈는 대학 수학에서 요구되는 기능과 장르를 중심으로 말하기, 듣기, 쓰기, 읽기 능력을 향상할 수 있도록 실용적인 과제와 활동으로 구성된 분리형 교재이다. 이들 교재에서는 학습자들이 흥미를 가질 수 있는 주제와 상황을 기초로 여러 가지 의사소통 기능 및 전략을 배울 수 있도록 배려하였다.

『대학 생활을 위한 한국어』와 『대학 강의 수강을 위한 한국어』가 연세대학교 언어연구교육원 한국어학당에서 공부하는 학생들뿐만 아니라 한국 내에서 대학, 대학원 수학을 목적으로 하고 있는 모든 한국어 학습자들에게 도움이 되기를 바란다.

연세대학교 언어연구교육원
한국어학당 교재편찬위원회

일러두기

- 『대학 강의 수강을 위한 쓰기 중급Ⅱ』는 강의 수강에 필요한 쓰기 능력을 함양시킬 수 있도록 다양한 텍스트의 장르를 중심으로 총 10개의 단원을 구성하였으며 교재를 통해 대학 수업에서 필요로 하는 성격의 글을 생산해 낼 수 있는 능력을 갖출 수 있도록 하였다.
- 각 단원의 첫 부분에 제목과 학습목표를 제시하였으며 교재의 맨 뒤에는 모범 답안이 붙어 있다.
- 각 단원은 모두 [준비해 봅시다], [써 봅시다], [정리해 봅시다]의 세 단계로 구성되었다.

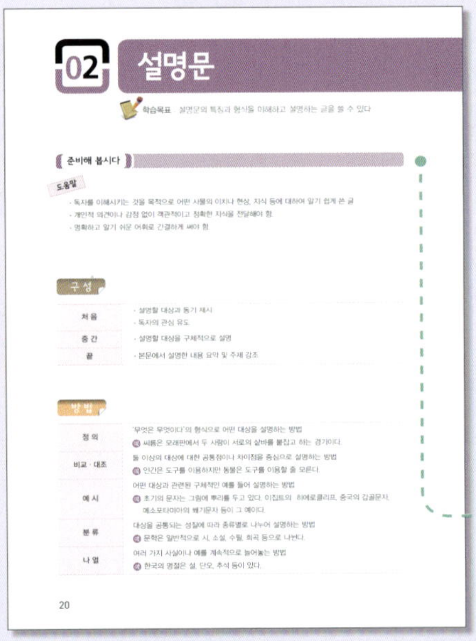

준비해 봅시다

도입 단계로서 각 단원에서 목표로 하는 글의 유형을 잘 이해할 수 있도록 내용을 구성하였다.

- 글의 유형적 특성을 도움말로 제시하였다.
- 글의 구성적 특징을 제시하였다.
- 글의 특성이 잘 드러나는 예시문을 제시하고 연습문제를 통해 글의 구성을 파악하도록 하였다.

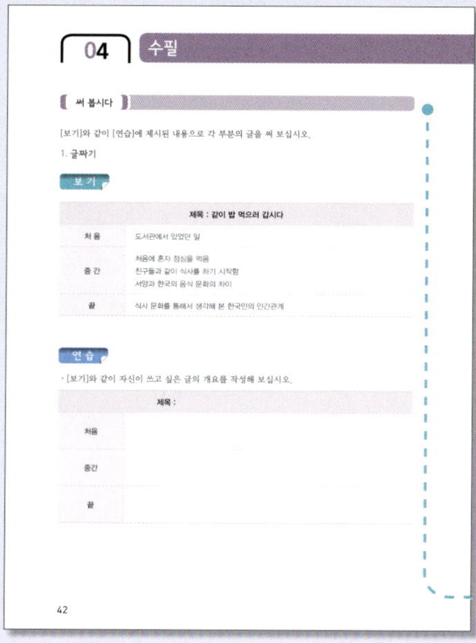

04 수필

써 봅시다

[보기]와 같이 [연습]에 제시된 내용으로 각 부분의 글을 써 보십시오.

1. 글짜기

보 기

제목 : 같이 밥 먹으러 갑시다	
처 음	도서관에서 있었던 일
중 간	처음에 혼자 점심을 먹음 친구들과 같이 식사를 하기 시작함 서양과 한국의 음식 문화의 차이
끝	식사 문화를 통해서 생각해 본 한국인의 인간관계

연 습

· [보기]와 같이 자신이 쓰고 싶은 글의 개요를 작성해 보십시오.

제목 :	
처음	
중간	
끝	

42

써 봅시다

글의 구성을 몇 개의 단계로 나누어 단계별 특징을 제시하고 부분 단락 연습을 할 수 있도록 자료를 제시하였다.

과제는 단계적으로 연습한 것을 통합하여 하나의 완성된 글을 생산해 낼 수 있도록 주제 및 자료를 제시하였다.

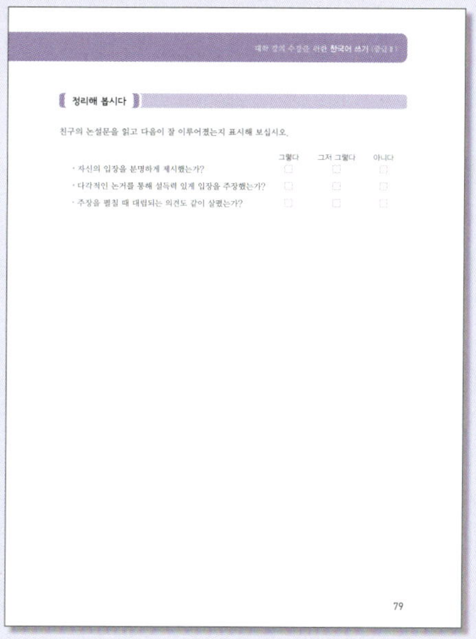

정리해 봅시다

친구의 논설문을 읽고 다음이 잘 이루어졌는지 표시해 보십시오.

	그렇다	그저 그렇다	아니다
· 자신의 입장을 분명하게 제시했는가?	□	□	□
· 다각적인 논거를 통해 설득력 있게 입장을 주장했는가?	□	□	□
· 주장을 펼칠 때 대립되는 의견도 같이 살폈는가?	□	□	□

79

정리해 봅시다

쓴 글을 발표하게 하거나 동료의 글을 평가하게 함으로써 글쓰기 활동을 정리하고 마무리하였다.

차례

내용구성

과	제목	학습목표	텍스트 유형	과제
1	글쓰기의 기초	글쓰기의 기초와 원리를 익힌다.	설명문 논설문	제시된 주제에 관해 단락 글쓰기
2	설명문	설명문의 특징과 형식을 이해하고 설명하는 글을 쓸 수 있다.	설명문	제시된 주제 중 하나를 선택하여 설명문 쓰기
3	요약문	글을 읽고 핵심 내용을 파악하여 간단히 요약할 수 있다.	요약문	제시된 글의 내용 요약하기
4	수필	수필의 특징과 형식을 이해하고 수필을 쓸 수 있다.	수필	제시된 주제로 수필 쓰기
5	조사 보고서	조사를 통해 알아낸 결과로 체계적인 보고서를 쓸 수 있다.	보고문	주제 선정하여 조사 보고서 쓰기
6	서평	책을 읽고 비평하는 글을 쓸 수 있다.	비평문	자신이 읽은 책의 서평 쓰기
7	비판·논쟁형 논설문	논쟁이 되는 주제에 대해 자신의 입장을 논리적으로 주장하는 글을 쓸 수 있다.	논설문	제시된 주제로 비판·논쟁형 논설문 쓰기
8	문제 해결형 논설문	문제를 파악하고 해결 방안을 제시하는 글을 쓸 수 있다.	논설문	제시된 주제로 문제 해결형 논설문 쓰기
9	비교·대조형 논설문	대상들을 비교하고 대조하여 대상들 간의 공통점과 차이점을 분석하는 글을 쓸 수 있다.	논설문	제시된 주제 중 하나 선택하여 비교·대조형 논설문 쓰기
10	시험 답안 쓰기	시험에서 좋은 점수를 받을 수 있도록 서술형 답안을 효과적으로 작성할 수 있다.	요약문 설명문 논설문	제시된 문제의 답안 작성하기

01 글쓰기의 기초

학습목표 : 글쓰기의 기초와 원리를 익힌다.

도움말

좋은 글쓰기

좋은 글이란 자신의 생각이 잘 나타난 글이다. 좋은 글을 쓰기 위해서는 자신의 생각을 표현하는 적절한 단어를 선택해서, 읽는 사람이 이해하기 쉽게 써야 한다. 불필요한 어휘나 내용을 생략하고 필요한 내용만 간결하고 경제적으로 써야 한다. 그리고 문법적으로 정확한 문장을 써야 하며, 맞춤법도 정확해야 한다.

구상해 봅시다

좋은 글을 쓰기 위한 조건

- 새롭게 보기 : 좋은 글을 쓰려면 사물이나 상황을 자신의 눈으로 새롭게 보는 데서 출발해야 한다.
- 창의적 사고 : 다른 사람들과 다른, 자신만의 창조적인 사고가 필요하다.
- 연상하기 : 하나의 생각에서 연상되는 다른 생각을 연결하여 다양한 사고를 하도록 한다.
- 구상하기 : 좋은 글을 쓰기 위해서는 먼저 내용을 구상하고, 필요한 자료를 모은 후에 그 자료를 적절하게 배치해야 한다.

연 습

• 다음의 단어에서 연상되는 단어를 써 봅시다.

1. 커피 –(　　　)–(　　　)–(　　　)–(　　　)–(　　　)
2. 시장 –(　　　)–(　　　)–(　　　)–(　　　)–(　　　)
3. 영화 –(　　　)–(　　　)–(　　　)–(　　　)–(　　　)
4. 환경오염 –(　　　)–(　　　)–(　　　)–(　　　)–(　　　)

• 다음 그림을 보고 아래 단어들을 그림표에 맞게 넣어 봅시다.

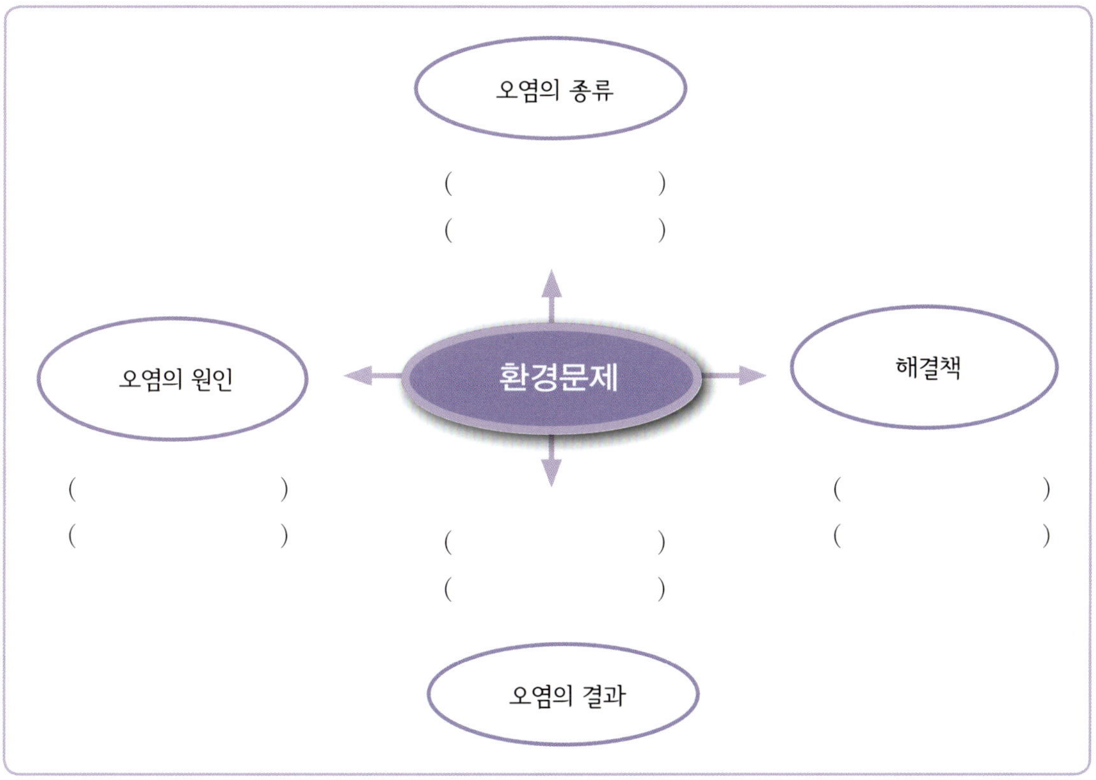

수질 오염	분리수거	대기 오염	매연	지구 온난화
	환경 파괴	일회용품 사용 제한	음식물 쓰레기	

01 글쓰기의 기초

• 다음 단어들을 그림표에 맞게 넣어 봅시다.

〈다이어트〉

광고의 영향　주체적 판단력　건강 상의 부작용　경제적 비용　비만에 대한 차별
외모지상주의 강화　인식의 변화　자신에 대한 자신감　아름다운 외모 지향

다이어트

다이어트 원인
(　　　　　　)
(　　　　　　)
(　　　　　　)

문제점
(　　　　　　)
(　　　　　　)
(　　　　　　)

해결책
(　　　　　　)
(　　　　　　)
(　　　　　　)

• 다음의 단어에서 연상되는 것을 쓰고, 그림표에 넣어 봅시다.

〈조기외국어교육〉

경쟁심	(　　　　　)	(　　　　　)
교육효과	(　　　　　)	(　　　　　)
(　　　　　)	(　　　　　)	(　　　　　)

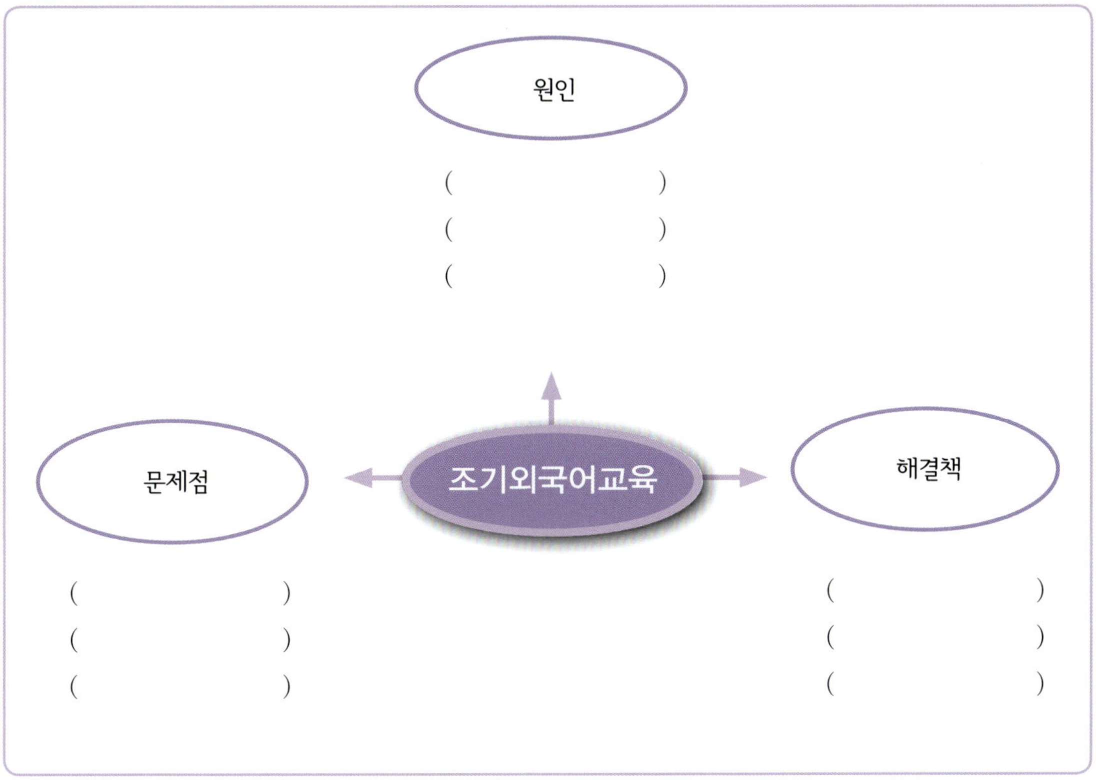

01 글쓰기의 기초

• 자신이 쓰고 싶은 주제로 그림표를 만들어 봅시다.

주제 : ______________________

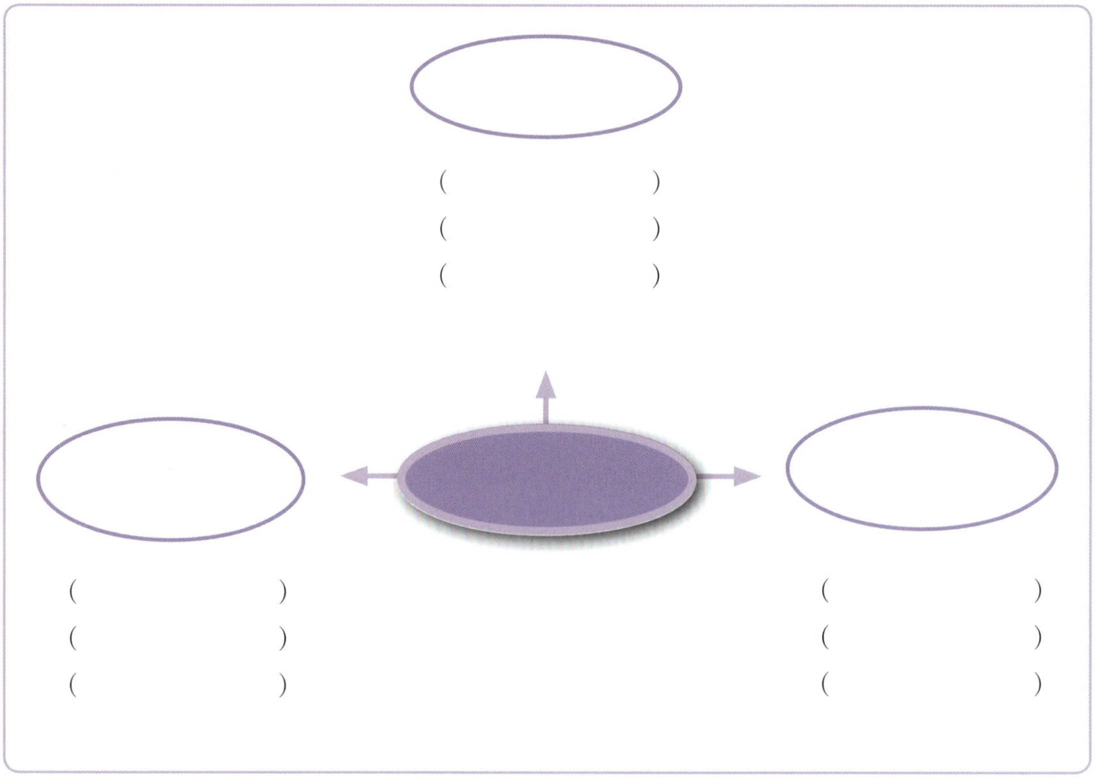

써 봅시다

단락이란 여러 개의 문장이 모여서 하나의 중심 생각을 담아내는 글의 단위이다. 단어가 모여서 문장이 되고, 문장이 모여서 단락이 되고, 단락이 모여서 하나의 글로 완성된다.

단어 → 문장 → 단락 → 글

단락은 하나의 소주제를 담고 있는 주제문장과 이를 뒷받침하는 보조문장으로 이루어진다. 소주제문은 하나의 내용으로 되어 있어야 하며, 간결하고 명료해야 한다.

단락 = 주제문장 + 보조문장

보 기

• 다음은 단락 구성의 유형입니다.

1) 두괄식 구성 : 주제문이 단락의 앞에 나온다.

요즘 컴퓨터 게임으로 인한 문제가 심각하다. 초등학생은 물론 성인들도 게임에 열중하고 있다. 학생들의 경우는 오랜 시간 게임을 하게 되면 수업시간에 집중력이 떨어지게 된다. 또한 성인의 경우도 불면증에 시달리게 되어 직장 생활에 어려움을 겪게 된다.

2) 미괄식 구성 : 주제문이 단락의 끝에 나온다.

학교 폭력이 심각해지고 있다. 교내 폭력으로 인해 학교를 그만두는 학생도 있고, 심하면 자살하는 학생까지 생기고 있다. 한 통계 자료에 의하면 교내에 CCTV를 설치하면 폭력을 방지하는 데 효과가 있다고 한다. 따라서 심각해지는 학교 폭력을 예방하기 위해서 학교 안에 CCTV를 설치해야 한다고 생각한다.

3) 양괄식 구성 : 주제문이 단락의 앞과 뒤에 나온다.

고령화 문제를 해결하려면 정부의 노력이 필요하다. 평균 수명이 늘어나면서 노인의 수가 늘어나는 반면 출산율은 점점 감소한다. 그로 인해 노인들을 부양해야 할 젊은이들이 줄어들고 있어, 경제 발전 속도가 느려진다. 또 자식들의 도움을 받지 못하고 홀로 지내는 노인의 수가 많아지고 있으며, 이들을 돌보기 위한 제도를 만들어야 한다. 따라서 정부는 출산율을 높이기 위한 정책을 마련하여 고령화 사회에 대비해야 한다.

연습 1

각 단락의 주제문을 찾아 밑줄을 긋고 어떤 구성 유형인지 말해 보십시오.

해외여행을 하는 방법은 크게 두 가지로 나눌 수 있다. 하나는 비용이 적게 들지만 다소 불편한 배낭여행이 있다. 다른 하나는 비용이 많이 들기는 하지만 편안하게 여행할 수 있는 패키지여행이다.

학생들은 자신에게 맞는 공부법을 선택해야 한다. 공부 방법에는 여러 가지 유형이 있다. 먼저 일찍 일어나서 도서관에 가서 쉬지 않고 공부하는 부류가 있다. 이들은 적극적이고 도전적으로 공부하는 사람들이라고 할 수 있다. 한편 늦게 일어나서 도서관 대신 집에서 공부하는 부류가 있다. 이들은 소극적이고 편한 방법으로 공부를 한다고 할 수 있다. 학생들은 자신의 성격과 생활방식에 맞는 방법으로 공부하는 것이 효과적이다.

환경오염은 가정에서 나오는 쓰레기 때문에 발생하는 경우가 많다. 기름이 있는 그릇을 씻을 때 사용하는 주방용 세제는 수질을 오염시킨다. 또한 각종 음식 쓰레기들이 버려지면 환경을 오염시킨다. 그러므로 환경오염을 줄이기 위해서는 가정에서 쓰레기를 줄이도록 노력해야 한다.

연습 2

다음 글을 세 단락으로 나누고 주제문을 찾아 밑줄을 그으십시오.

일정한 목적을 가지고 학교 또는 가정에서 학생들에게 신체적 고통을 가하는 것을 '체벌'이라 한다. 유교문화를 기반으로 하는 우리나라는 전통적으로 체벌을 허용해 왔다. 하지만 최근에 체벌에 대한 부정적인 인식이 확산되어 체벌을 금지하는 법이 만들어지게 되었다. 체벌은 교육적 효과가 있다. 학교나 집에서 아이들이 잘못한 일을 했을 때, 대화와 설득을 통해서만 가르치는 것은 불가능하다. 체벌을 통해서 선생님의 권위를 유지시키고 질서를 잡을 수 있다. 또 아이들이 잘못된 행동을 하려고 할 때, 체벌에 대한 두려움 때문에 그것을 포기하게 된다. 이렇게 체벌은 학생들이 자기 행동을 조절하게 하는 교육적 기능을 가지고 있는 것이다. 체벌을 금지하게 되면 어떤 결과가 발생하게 될까? 학생들이 선생님의 말을 잘 듣지 않게 되고, 선생님들이 학생을 교육하기 힘들게 될 것이다. 그러므로 체벌을 금지하는 것은 교사와 학생의 관계를 더욱 나쁘게 만들 수도 있다. 체벌은 폭력이 아니다. 선생님과 학생 사이의 이해를 바탕으로 한 교육의 한 방법이다.

1단락 :

2단락 :

3단락 :

연습 3

각 단락의 주제문을 찾아서 넣으십시오.

(가) 21세기에 들어선 현대사회는 '세계화'의 물결 속에서 새로운 변화를 맞이하고 있다. ______________________. 빠른 변화 속에서 살아가기 위해서는 필요한 지식과 정보를 남보다 빠르고 정확하게 찾아내고, 또 새로운 지식과 정보를 창조해야 한다.

(나) 정보를 빠르게 얻는 방법은 무엇일까? ______________________. 독서는 글에 제시된 정보와 자신의 지식을 결합하여 새로운 의미를 구성하는 일이다. 그러므로 독서를 취미나 지식을 얻기 위한 수단 정도로만 생각해서는 안 된다. 한 권의 책을 읽는 것은 지식을 얻는 것뿐만 아니라 자신의 생각을 발전시키는 생산적 과정인 것이다.

(다) ______________________. 먼저 책의 내용을 정확하게 이해해야 한다. 그 다음은 책에 나타난 필자의 생각을 자신의 생각과 비교하여 비판하는 과정이다. 이러한 독서의 과정을 통해서 우리는 더 풍부한 정보를 얻고, 새로운 지식을 창조할 수 있게 된다.

(라) ______________________. 정보화 사회에서는 독서를 통해서 지식과 정보를 얻고, 새로운 정보를 많이 창조하는 자가 성공할 것이기 때문이다.

① 많은 정보를 얻기 위해서는 효과적인 독서가 필요하다.
② 독서를 통해서 세계의 변화를 빠르게 이해할 수 있다.
③ 변화하는 세계에서는 새로운 정보를 얻는 것이 중요하다.
④ 우리는 독서를 통해서 새로운 지식과 정보를 찾아내야 한다.

연습 4

다음 보기를 보고 한 단락의 글을 써 보십시오.

- 경제적인 이유
- 보람과 즐거움

└→직업을 갖는 것은 중요하다.

직업을 선택할 때 고려해야 할 점

- 적성에 맞아야 한다.
- 흥미가 있어야 한다.
- 장래성이 있어야 한다.

01 글쓰기의 기초

과 제

다음의 주제 중 하나를 골라 2-3 단락의 글을 써 보십시오.

- 한국음식의 특징
- 컴퓨터의 장점
- 인터넷의 문제점

구성하기

주제 :

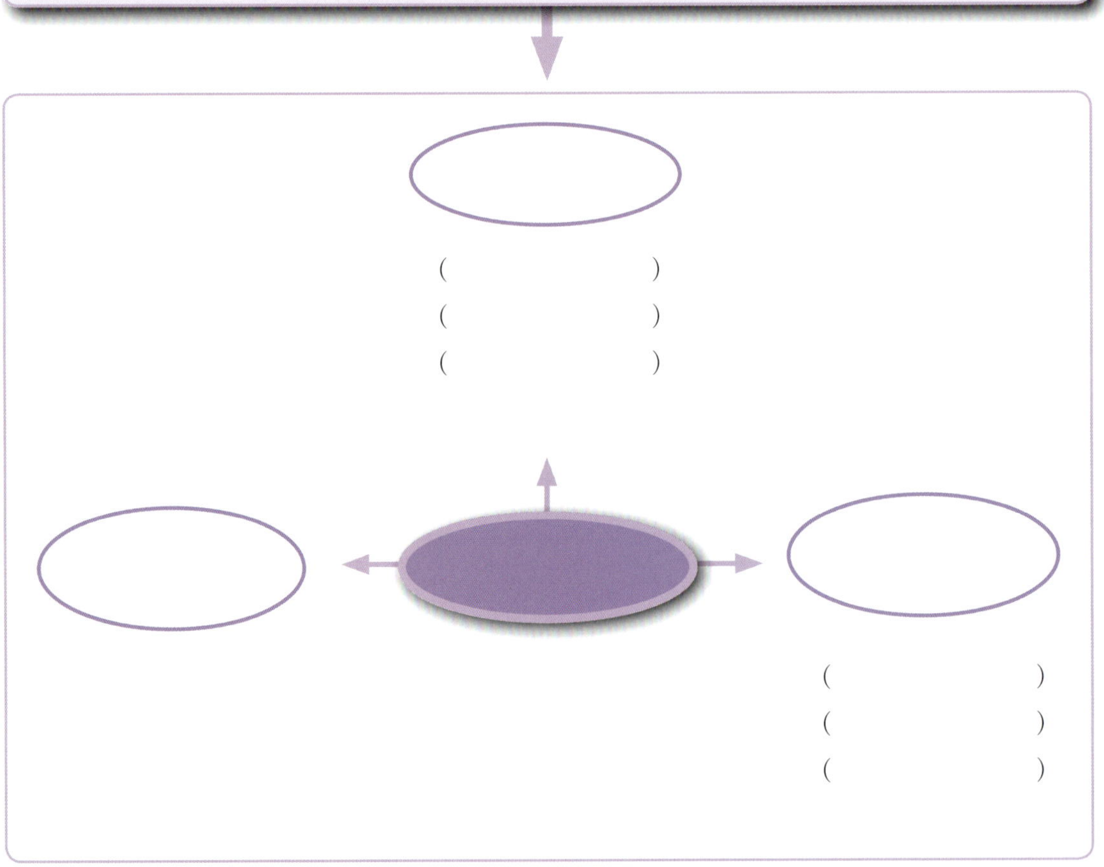

문단쓰기

정리해 봅시다

자신의 글을 읽고 다음이 잘 이루어졌는지 확인해 보십시오.

	그렇다	그저 그렇다	아니다
• 단락의 통일성이 있는가?	□	□	□
• 주제가 명확하게 나타났는가?	□	□	□
• 필요 없는 단어나 문장이 없는가?	□	□	□
• 문법이 정확한가?	□	□	□
• 맞춤법이 정확한가?	□	□	□

02 설명문

학습목표 : 설명문의 특징과 형식을 이해하고 설명하는 글을 쓸 수 있다

준비해 봅시다

도움말

- 독자를 이해시키는 것을 목적으로 어떤 사물의 이치나 현상, 지식 등에 대하여 알기 쉽게 쓴 글
- 개인적 의견이나 감정 없이 객관적이고 정확한 지식을 전달해야 함.
- 명확하고 알기 쉬운 어휘로 간결하게 써야 함.

구 성

처 음	• 설명할 대상과 동기 제시 • 독자의 관심 유도
중 간	• 설명할 대상을 구체적으로 설명
끝	• 본문에서 설명한 내용 요약 및 주제 강조

방 법

정 의	'무엇은 무엇이다'의 형식으로 어떤 대상을 설명하는 방법 예 씨름은 모래판에서 두 사람이 서로의 샅바를 붙잡고 하는 경기이다.
비교 · 대조	둘 이상의 대상에 대한 공통점이나 차이점을 중심으로 설명하는 방법 예 인간은 도구를 이용하지만 동물은 도구를 이용할 줄 모른다.
예 시	어떤 대상과 관련된 구체적인 예를 들어 설명하는 방법 예 초기의 문자는 그림에 뿌리를 두고 있다. 이집트의 히에로클리프, 중국의 갑골문자, 메소포타미아의 쐐기문자 등이 그 예이다.
분 류	대상을 공통되는 성질에 따라 종류별로 나누어 설명하는 방법 예 문학은 일반적으로 시, 소설, 수필, 희곡 등으로 나뉜다.
나 열	여러 가지 사실이나 예를 계속적으로 늘어놓는 방법 예 한국의 명절은 설, 단오, 추석 등이 있다.

예 시

■ 약 식 ■

달콤하고 짭짤한 맛의 약식은 한국 전통 음식 중의 하나로 약밥이라고도 부른다. 약식에는 다음과 같은 유래가 있다. 488년 신라의 소지왕이 정월 대보름 행사 때 산에서 까마귀의 도움으로 목숨을 구할 수 있었는데 이때부터 정월 대보름에 까마귀를 위하여 제사를 지냈다고 한다. 그리고 제사 음식으로 까마귀 색깔처럼 까맣게 지은 찰밥을 지었고 이것이 바로 약식인 것이다.

약식은 먼저 찹쌀을 쪄서 밥을 만들고 여기에 대추나 잣, 밤같이 건강에 좋은 열매와 참기름, 꿀, 간장 등을 넣어 다시 쪄서 만든다. 약식, 약밥이라는 이름은 이렇게 건강에 좋은 재료를 사용하기 때문에 붙여진 것이라고 한다. 약식은 정월 대보름에는 물론이고 결혼식, 환갑잔치, 생일잔치, 설, 추석 등에 빠지지 않는 음식이다. 그렇지만 약밥을 만드는 데는 귀한 재료들이 많이 들어가기 때문에 옛날에는 일반 사람들이 자주 해 먹을 수 없었고 특별한 날에만 해 먹었다.

그러나 오늘날 약식은 영양가가 높고 전통적인 민족음식의 하나로 많은 사람들에게 사랑을 받고 있으며 요리 연구가에 의해 다양한 모양과 맛이 연구되고 있다.

위 글을 처음, 중간, 끝 부분으로 나누고 아래 표를 채워 보십시오.

	주요 내용	설명 방법
처 음		정의
중 간		
끝	오늘날의 약식	

02 설명문

써 봅시다

[보기]와 같이 [연습]에 제시된 내용으로 각 부분의 글을 써 보십시오.

1. 처음

설명할 대상과 설명의 동기를 밝힌다.

보 기

제목 : 진돗개	
처 음	• 개의 종류는 세계적으로 3백 종류나 된다. • 개는 사람과 가장 먼저 산 동물이다. • 민족마다 토종개가 있으며 한국인도 그들만의 토종개가 있다.

⇩

이 지구상에는 3백 종류나 되는 개가 있다. 지구에 사는 인종이나 나라 수보다 개의 종류가 더 많은 것이다. 가축들 가운데 가장 먼저 사람과 살기 시작한 것은 개이다. 그래서 그런지 민족마다 자기들의 토종개를 기르고 있으며 한국인들도 옛날부터 한국인의 개를 길러 왔다.

연 습

제목 : 추석	
처 음	• 모든 나라에는 고유한 명절이 있다. • 명절은 자기 나라의 역사와 문화를 나타내는 것이다. • 모든 민족들은 자기 나라의 명절을 중요하게 생각하고 지킨다.

⇩

2. 중간

적당한 방법을 사용하여 객관적이고 사실에 맞게 구체적으로 대상을 설명한다.

보 기

중 간	• 진돗개는 풍산개와 더불어 한국의 토종개이다. (정의) • 독일의 세퍼트보다 크지 않고 애완견처럼 작지 않다. (비교 · 대조) • 진돗개는 집지키기, 사냥에 뛰어나며 충성심이 강하다. • 충성심을 증명하는 실례가 있다. (예시) • 용감하고 인내심도 강하다.

⇩

진돗개는 한반도의 남쪽 섬, 진도가 고향이어서 이름이 진돗개이고 우리 민족과 함께 살아온 토종개의 한 종류이다. 북한의 풍산개와 더불어 일본 식민 시대인 1938년에 천연 기념물 제 53호가 되었다. 독일의 세퍼트 같이 그렇게 크지도 않고, 애완견처럼 작지도 않은 진돗개는 집 지키는 일은 물론 사냥도 잘해서 옛날부터 우리 조상들의 사랑을 받아 왔다. 또한 진돗개는 주인에 대한 충성심도 강하다. 진도에서 400km나 떨어진 휴전선 근처의 군대에 팔려 갔던 진돗개가 옛 주인을 잊지 못해 군대 막사에서 도망쳐 두 달 만에 진도로 찾아온 일도 있다고 한다. 몸은 작지만 용감하고 인내심도 강하여 자기 몸보다 두 배 크기의 세퍼트와 싸움을 해도 결코 물러서는 일이 없다.

02 설명문

연 습

중 간	• 추석은 음력 8월 15일이며 한국인들이 가장 중요하게 여기고 지키는 명절 중의 하나이다. (정의) • 한 해 동안의 풍년에 대해 자연과 조상님께 감사하며 차례를 지내고 가족들이 함께 모여 즐거운 시간을 보낸다. • 중국, 일본에도 비슷한 명절이 있으며 서양의 추수감사절과도 비슷한 명절이다. (비교 · 대조) • 햅쌀로 만든 송편을 먹고 줄다리기, 씨름, 농악놀이 등의 놀이를 한다. (나열) • 밤에는 보름달을 보고 소원을 빈다.

⇩

3. 끝

본문에서 설명한 내용을 요약하고 주제를 강조한다.

보 기

끝	• 정부는 1957년에 진돗개 보호법을 만들었다. • 지금은 순수한 진돗개를 찾기가 어려워졌다.

⇩

정부는 우리의 토종개인 진돗개를 보호하기 위해 1957년 한국 진돗개 보호법을 만들었다. 진도 밖으로 진돗개를 마음대로 가져가지 못하도록 막으면서 일정한 숫자만 섬 밖으로 내보내도록 법으로 정하였다. 그러나 많은 진돗개들이 불법으로 진도 밖으로 팔려나가 이제는 순수한 진돗개를 찾기가 어려워졌다.

연 습

끝	• 추석은 한국인에게 가장 중요한 명절이지만 점점 원래의 의미가 사라지고 단순한 휴일로만 생각하는 사람들이 많아지고 있다. • 앞으로 추석의 고유한 의미를 지킬 방법이 필요하다.

⇩

02 설명문

과 제

다음의 소재 중에서 하나를 선택하여 설명문을 써 보십시오.

문화에 대한 것	자기 나라의 명절, 음식, 악기, 예절
현상에 대한 것	새로운 사회 현상, 특별한 자연 현상
동식물에 대한 것	동물, 꽃, 나무, 화초, 채소

1. 개요도

제목 :	
처음	
중간	
끝	

2. 설명문 쓰기

제목 : ______________________________

정리해 봅시다

친구의 설명문을 읽고 어떤 방법으로 대상을 설명했는지 이야기해 보십시오.

03 요약문

학습목표 : 글을 읽고 핵심 내용을 파악하여 간단히 요약할 수 있다.

준비해 봅시다

도움말

- 글의 내용 중 핵심적인 부분을 간략히 정리한 글
- 꼭 필요한 내용을 가장 경제적인 단어를 사용하여 간단하게 씀.
- 먼저 중심 내용과 중심 문장을 찾아야 함.
- 몇 개의 중심 문장을 단락 간의 관계를 이해한 후 전체 글의 구조를 생각하여 잘 배열해야 함.

방 법

삭제	별로 중요하지 않은 것, 불필요한 것, 부연 설명, 예시, 인용 등의 내용은 삭제한다.
단어 대치	여러 가지 하위 개념이나 단어는 그것들을 모두 포함할 수 있는 상위의 단어나 개념으로 대치한다. 예 과일, 고기, 빵 ⇨ 음식으로 대치
주제문 선택	글 속에 제시된 문장 중에서 주제문을 선택한다.
주제문 구성	글 속에 주제문이 없을 경우 스스로 주제문을 구성한다.

예 시

책을 읽는 것은 친구를 사귀는 것과 같다. 되도록 여러 방면에 있는 많은 친구를 사귀어야 하듯이 독서도 다방면의 책들을 많이 읽을수록 좋다. 또 나쁜 친구는 사귀지 말고 좋은 친구를 사귀어야 하듯이 좋은 책을 택해서 읽어야 한다. 폭 넓은 교제에만 신경 쓰느라 깊이 있는 사귐을 무시하면 안 되듯이 책을 읽을 때도 많이 읽는 데만 신경 쓰느라 정독을 하지 않으면 아무 소용이 없다. 한 친구 한 친구를 다 소중하게 여겨야 하듯이 한 권의 책도 소홀히 읽어서는 안 된다.

⇩

	책	을		읽	는		것	은		친	구	를		사	귀	는		것	과		같	다	.	
다	방	면	의		책	들	을		많	이		읽	을	수	록		좋	다	.		또		좋	은
책	을		택	해	서		읽	어	야		한	다	.		한		권	의		책	도		소	홀
히		읽	어	서	는		안		된	다	.													

위 요약문에서 사용된 방법을 모두 골라 보십시오. (　　　)

❶ 삭제　　❷ 단어 대치　　❸ 주제문 선택　　❹ 주제문 구성

03 요약문

써 봅시다

[보기]와 같이 [연습]에 제시된 내용으로 각 부분의 글을 써 보십시오.

1. 필요 없는 부분 삭제하고 요약하기

보 기

인간을 냉동시켰다가 ~~먼 훗날 다시 눈을 뜨게 만든다거나 매우 오랜 동안 우주여행을 할 때는 승무원을 냉동시켰다가 시간이 되면~~ 다시 살려낸다는 이야기가 있습니다. 그런데 1962년 알프스 산 속에서 마틴 웨르즈라는 사람은 눈사태를 만나 실종되었습니다. 그 후 그는 해빙될 때 발견되었는데 ~~그 때까지도 그는 살아있었다고 합니다. 그게 가능한 일일까요? 사실 이 문제는 가능하지 않다고 하는 것이 정답입니다. 눈 속에 묻혀 수개월 후에 발견된 사람이 어떻게 살아 있을 수 있다는 말입니까? 그러나 그는 분명 죽지 않았습니다. 의사협회에서는~~ 그의 체내에서 혈액을 꺼내 따뜻하게 가열한 뒤 다시 체내에 주입한 결과 그의 모든 기능은 정상으로 되돌아온 것입니다. 그러나 의식까지 돌아온 것은 아니었습니다.

⇩

	인	간	을		해	동	시	켰	다	가		다	시		살	려	낸	다	는		이	야	기	가
있	다	.		실	제	로		19	62	년		마	틴		위	르	즈	라	는		사	람	은	
눈	사	태	를		만	나		실	종	되	었	다	가		얼	마		후		발	견	되	었	는
데		그	의		혈	액	을		가	열	한		뒤		다	시		체	내	에		주	입	하
자		모	든		기	능	이		정	상	으	로		되	돌	아	왔	다	.		그	러	나	
의	식	은		돌	아	오	지		않	았	다	.												

연습 1

다음 글을 읽고 필요 없는 부분을 지우고 요약문을 써 보십시오.(250자 이내)

옛날 사람들은 하늘에 나타나는 여러 가지 기상 현상을 알아낼 수 있는 관측기가 없었으므로 눈과 같은 신체의 감각 기관을 이용해 그 날의 날씨를 예측하였다. 그리고 날씨에 관한 오랜 경험을 바탕으로 다음 날의 날씨를 예측하기도 하였다. 예를 들어 '밤하늘에 별이 많으면 다음 날 날씨가 맑다'든지 '뱀이 산으로 가면 장마가 진다' 등의 예측을 하였다. 그러다가 17세기 중엽 갈릴레이가 온도계를 발명함에 따라 관측기를 이용해 날씨를 예측하는 시대가 시작되었다. 이 시대에는 기압계, 풍향계, 풍속계, 습도계 등 대기 상태를 관측하는 여러 가지 관측기가 발명되어 기상을 예측하는 데 널리 이용되었다. 그 후 현대에 이르러서는 기상 위성에 의한 관측 시대가 열리게 되었다. 기상 위성을 이용한 예측은 그 정확도를 크게 향상시킬 수 있었고 최근에는 슈퍼컴퓨터를 이용하여 더욱 정확하고 신속하게 기상을 예측할 수 있게 되었다.

⇩

03 요약문

연습 2

다음 글을 읽고 필요 없는 부분을 지우고 요약문을 써 보십시오.(250자 이내)

한국 사람들은 술을 매우 좋아한다. 스트레스가 쌓인다고 한 잔, 기분이 좋다고 한 잔, 이런 저런 핑계로 마시다보면 자기도 모르는 사이에 술이 가장 가까운 벗이 되고 만다. 최근에는 한국인이 세계에서 네 번째로 독주를 많이 마신다는 조사 결과도 나왔다. 이렇게 지나치게 술을 많이 마시다보니 여러 가지 문제도 발생한다. 예를 들면 지나친 음주로 인해 간암과 위암 발생률이 매년 증가하고 있으며 음주 운전으로 인한 교통사고도 매년 늘고 있는 추세다. 이렇게 술로 인한 문제를 해결하기 위해서는 우선 술 소비를 줄이는 게 급선무이다. 그렇다면 술 소비를 줄이는 방법은 무엇일까? 주류세를 인상하는 것이 한 가지 방법이 될 수 있을 것이다. 술에 붙는 세금이 대폭 인상되면 자연히 술값이 오를 것이고 술값이 오르면 술 소비가 줄어들게 될 것이다. 물론 주류세 인상이 가장 좋은 방법이라고 말하기는 어려울지 모른다. 그래도 정부 차원에서 할 수 있는 가장 신속하고 확실한 방법이 될 수 있지 않을까.

⇩

2. 단락 나누고 핵심 내용 찾아 요약하기

다음 글을 몇 개의 단락으로 나누고 각 단락의 핵심 내용을 찾아 전체 글의 요약문을 써 보십시오.

보 기

컴퓨터가 일반화되면서 오늘날 많은 사람들이 컴퓨터를 생활필수품처럼 사용하고 있다. 그런데 컴퓨터는 프로그램이 없으면 그렇게 쓰일 수 없다. 컴퓨터는 프로그램에 의해서 작동되기 때문이다. 컴퓨터가 유용하게 사용되는 것은 사실 컴퓨터 프로그램 덕분이라고 할 수 있다. 이러한 이유에서 많은 사람들과 많은 회사들이 막대한 시간과 비용을 투자하여 프로그램을 개발하고 있다. 그러나 컴퓨터를 사용하는 많은 사람들은 이 프로그램을 대수롭지 않게 생각하는 경향이 있는 것 같다. 그래서 프로그램의 불법 복제가 만연하고 있는 것은 아닌가 하는 생각이 든다. 프로그램의 값이 비싸다는 이유로 너나할 것 없이 마구 불법 복제를 하고 있다. 그러나 프로그램의 불법 복제는 국가적으로도 해로운 행위일 뿐만 아니라 사용자 자신에게도 결국은 손해를 끼치는 행위이다. 불법 복제가 성행하게 되면 시간과 비용 투자를 하지 않음으로써 프로그램 개발 산업 자체가 침체될 수 있어 국가적 손실이 우려된다. 또 우수하고 유용한 프로그램 개발을 막아 결국 사용자 자신도 이러한 프로그램을 사용할 수 없게 된다. 따라서 컴퓨터를 진정으로 유용하게 사용하기 위해서는 불법 복제를 하지 않는 우리의 노력이 필요하다.

1) 1단계 : 단락 나누기

첫째 단락	1 : 컴퓨터가 ~ 5 : 개발하고 있다
둘째 단락	5 : 그러나 ~ 11 : 없게 된다
셋째 단락	12 : 따라서 ~ 13 : 필요하다

2) 2단계 : 핵심 내용 쓰기

첫째 단락	컴퓨터 프로그램의 중요성
둘째 단락	불법 복제의 문제점
셋째 단락	우리의 노력

3) 요약하기

	컴	퓨	터	를		유	용	하	게		사	용	할		수		있	는		것	은		컴	퓨
터		프	로	그	램		덕	분	이	다	.		그	러	나		사	람	들	의		생	각	없
는		불	법		복	제		때	문	에		프	로	그	램	의		개	발		산	업	이	
침	체	되	어		결	국	은		국	가	와		개	인	의		손	실	이		우	려	되	므
로		불	법		복	제	를		하	지		않	는		우	리	의		노	력	이		필	요
하	다	.																						

연습 1

이전에는 부유한 사람들이 고가 제품을 구입하고 서민층에서는 저가 제품을 구입했다. 그렇지만 이제는 소비 형태가 많이 달라졌다. 부유층은 자신이 중요하다고 생각되는 것들에는 많은 돈을 쓰지만 그렇지 않은 경우에는 할인점이나 시장을 이용한다. 또한 자신이 부유층이 아니라고 생각하는 소비자들도 자신이 가치가 있다고 생각하는 것에는 아끼지 않고 지갑을 연다. 즉 소비자는 필요에 따라 명품을 사기도 하고 시장을 이용하기도 한다. 소비 형태가 변한 이유는 소비자들의 생활수준이나 생활양식 등이 변했기 때문이다. 국민의 소득 수준이 높아진 데다가 소비자들은 자신의 필요나 용도, 관심에 따라 얼마의 돈을 지불해야 되는지 정확히 알고 행동을 한다. 이러한 소비자들의 변화를 가장 쉽게 관찰할 수 있는 곳은 패션 시장이다. 패션 시장은 명품 브랜드와 저가의 브랜드들만이 성장을 지속하고 있으며, 그 사이에 있는 중간 가격의 브랜드들은 매출에 어려움을 겪고 있다. 소비자의 변화 방향을 읽고 그에 대응하는 브랜드는 경쟁에서 살아남고, 이것도 저것도 아닌 중간 정도의 품질과 가격으로 승부하려는 기업은 점차 시장에서 밀려나고 있다. 시장의 변화에 맞춰야 브랜드가 유지되고 성장할 수 있다.

1) 1단계 : 단락 나누기

첫째 단락	
둘째 단락	
셋째 단락	

2) 2단계 : 핵심 내용 쓰기

첫째 단락	
둘째 단락	
셋째 단락	

3) 3단계 : 요약하기

연습 2

세계가 좁아지는 요즘, 한국의 예절은 어떻게 바뀌고 있을까? 새로운 예절을 만들어 가고 있는 10대, 20대의 젊은이 500명에게 새로 생긴 예절과 필요없다고 생각되는 예절에 대해 물어보았다. 새로 생긴 예절로 가장 많이 이야기한 것이 결혼기념일이나 생일 같은 특별한 날에 선물과 카드를 전하는 풍속이었다. 이심전심으로 말없이 통하던 시대는 가고 표현하는 시대가 온 것이다. 그 다음으로는 악수를 꼽고 있다. 큰절은 물론 고개를 깊숙이 숙이는 반절도 사라져 가고 있다. 그리고 남성의 전유물처럼 받아들여졌던 악수가 여자들끼리나 이성간에도 점차 보편화되고 있다. 또 여러 사람이 같이 밥을 먹거나 차를 마신 후에 각자 부담하는 것이나 'Thank you'나 'Good morning'처럼 영어로 인사하는 것, 'Miss'나 'Mr.' 같은 호칭의 변화도 새로 생긴 예절이다. 필요없다고 생각되는 예절로는 어른에게 큰절하기, 손님 초대 때 음식을 많이 차리는 것, 돌잔치, 백일잔치, 명절 때 윗사람에게 선물 보내기처럼 지금도 나이 드신 분들에게는 익숙한 것들도 많이 있다. 대체로 젊은이들은 겉치레의 예절을 필요없다고 생각하고 있다. 체면을 의식하고 존중하는 형식적인 사고에서 벗어나 실질적으로 자유로운 사고를 하고자 하는 편이다. 그래서 솔직하게 표현하는 새로운 예절이 점차 많아지고 있는 것이다.

1) 1단계 : 단락 나누기

첫째 단락	
둘째 단락	
셋째 단락	
넷째 단락	

2) 2단계 : 핵심 내용 쓰기

첫째 단락	
둘째 단락	
셋째 단락	
넷째 단락	

3) 3단계 : 요약하기

03 요약문

과제

미국에서 인간 복제를 연구하고 있는 자보스 박사는 산모의 DNA조직을 떼어서 대리모에게 이식하는 수술을 끝냈다고 한다. 내년 봄이면 엄마를 닮은 복제 아기가 태어나게 된다. 아기를 못 갖는 사람뿐만 아니라 예상치 못한 사고로 아이를 잃은 부모에게 인간 복제는 큰 희망이다. 그러나 식물 · 동물의 복제에서 시작되어 인간 복제로 이어지면서 복제는 새로운 사회문제를 일으키고 있다. 생물 복제에 따른 위험과 한계는 생각보다 심각하다. 동물 복제로 태어난 소, 돼지, 고양이들은 대체로 지나치게 살이 찌거나 일찍 죽는다는 결과 보고가 있다. 미국의 한 연구소는 소의 복제 성공률이 5%에 불과하다고 했다. 그런데 이 성공률은 다른 동물에 비해 대단히 높은 비율이라 한다. 만일 이 복제 성공률을 인간의 경우에 적용한다면, 복제 인간 100명 중에 불과 다섯 명만이 정상적으로 태어난다는 설명이다. 그렇지 않아도 세계는 빈곤이나 사고 등으로 적지 않은 아기들이 정상아가 아니다. 이들의 불행도 책임지지 못하는 세상에 또 다른 불행을 만드는 것은 옳은 일인가? 그러나 지금 당장 인간 복제를 막을 방법은 없다. 세계 곳곳에서 인간 복제에 대한 실험이 진행되고 있다. 영국은 연구용에 한해 인간복제를 이미 허용했고 스웨덴도 곧 허용할 방침이다. 학계와 시민단체들도 찬성과 반대가 대립하고 있다. 만약 인간 복제가 허용된다면 현대 의학으로도 고칠 수 없는 불치병을 치료할 수 있게 된다. 그리고 앞으로는 영원히 죽지 않는 날이 올 지도 모른다. 또 원하는 인간을 얼마든지 만들어 낼 수도 있을 것이다. 그러한 미래가 과연 인간을 희망으로 이끌 것인가, 파멸로 이끌 것인가? 생로병사에 대한 한계를 인간이 깨닫지 못할 때 우리는 생명의 존엄성을 잃는 '기계 사회'가 된다. 인간 복제의 미래는 결코 밝지 않다.

1. 필요 없는 부분을 삭제해 보십시오.

2. 단락을 나누고 핵심 문장을 써 보십시오.

첫째 단락	1 : 미국에서 ～	
둘째 단락	～	
셋째 단락	～ 19 : 밝지 않다	

3. 전체 내용을 요약하십시오.

정리해 봅시다

친구의 요약문을 읽고 다음이 잘 이루어졌는지 표시해 보십시오.

	그렇다	그저 그렇다	아니다
• 불필요한 부분이 삭제되었는가?	□	□	□
• 중요한 내용이 들어 있는가?	□	□	□
• 주제문이 잘 들어 있는가?	□	□	□

04 수필

학습목표 : 수필의 특징과 형식을 이해하고 수필을 쓸 수 있다.

준비해 봅시다

도움말

- 경험을 바탕으로 생각이나 느낌을 자유롭게 쓴 글
- 자유로운 형식으로 씀.
- 전문가가 아니더라도 누구라도 쓸 수 있음.
- 생활과 관련된 모든 것들이 소재가 될 수 있음.

구 성

처 음	• 일상의 경험 소개
중 간	• 자신의 경험에 대한 구체적 서술 • 그 경험에 대한 생각
끝	• 자신의 느낌이나 생각

예 시

한국에 처음 왔을 때 여러 가지 힘든 일이 많았다. 버스를 타기도 힘들었고, 식사 예절을 몰라서 당황한 적도 많았다. 그 중에서 가장 어려웠던 일은 사람의 마음을 이해하는 일인 것 같다.

한국에 온 지 얼마 되지 않았을 때의 일이다. 그날 나는 수업시간에 늦어 빨리 걸어가고 있었다. 강의실 근처에서 어느 여학생이 급하게 달려오다가 나에게 부딪쳤다. 그런데 그 여학생은 나에게 미안하다는 말도 하지 않고, '어떡해..어떡해...'라고 말하고 어쩔 줄 몰라 하다가 그냥 가버리는 것이었다. 나는 좀 기분이 나빴다.

오후에 친구들과 커피를 마시면서, 그 일을 이야기했다. 그런데 한국 친구들은 그 이야기를 듣더니, '한국 사람들은 보통 직접적으로 사과를 하지 않는 편이에요. 그 여학생은 당황해서 사과를 못한 것 같아요. 그 대신 얼굴의 표정과 마음으로 미안하다고 사과했을 거예요'라고 말했다. 친구의 이야기를 듣고 생각해 보니, 그 여학생은 나보다 더 당황했던 것 같다.

사람은 언어만으로는 마음을 다 표현할 수 없기 때문에, 표정이나 행동을 통해서 자신의 마음을 표현한다. 그러니까 외국의 문화를 이해하기 위해서는 언어를 배우는 것뿐만 아니라, 그 나라 사람의 사고방식과 감정까지도 알 수 있어야 한다. 한국에서 더 오래 살면 한국 사람의 이런 감정과 마음도 이해할 수 있게 되겠지.

위 글을 처음–중간–끝으로 나누어 보십시오.

처 음	
중 간	
끝	

04 수필

써 봅시다

[보기]와 같이 [연습]에 제시된 내용으로 각 부분의 글을 써 보십시오.

1. 글짜기

보 기

제목 : 같이 밥 먹으러 갑시다	
처 음	도서관에서 있었던 일
중 간	처음에 혼자 점심을 먹음 친구들과 같이 식사를 하기 시작함 서양과 한국의 음식 문화의 차이
끝	식사 문화를 통해서 생각해 본 한국인의 인간관계

연 습

• [보기]와 같이 자신이 쓰고 싶은 글의 개요를 작성해 보십시오.

제목 :	
처음	
중간	
끝	

2. 글쓰기

2.1 처음쓰기

글의 처음을 쓸 때는 일상의 경험으로부터 시작하는 것이 좋다. 독자의 관심을 끌만한 재미있는 에피소드를 소개하는 것이 좋은 방법이다.

보 기 1 사건을 서술하면서 시작하는 글

> 며칠 전 도서관에서 공부를 하고 있었다. 저녁때가 되자 과 친구들이 같이 밥을 먹으러 가자고 했다. 나는 리포트를 써야 했지만 친구들의 부탁을 거절할 수 없어서 가방을 챙겨서 친구들과 같이 식당으로 갔다.

보 기 2 주제와 관련된 내용을 서술하면서 시작하는 글

> 문화는 그 문화가 만들어진 사회의 역사나 환경에 따라서 다르다는 것은 누구나 알고 있는 사실이다. 식사를 하는 풍습도 한국과 서양의 나라는 많은 차이가 있다. 한국에서는 식사시간이 되면 보통 사람들이 같이 식사를 하러 간다. 이런 문화는 특별한 경우가 아니면 각자 식사를 해결하는 서양과는 다르다.

보 기 3 대화로 시작하는 글

> "저녁 안 먹니?"
>
> "밥 먹으러 가자. 오늘 뭐 먹을까?"
>
> 친구의 말에 시계를 보니 저녁때가 다 됐다. 도서관에서 공부하던 친구들은 대개 같이 식당으로 가서, 같은 음식을 주문해서 먹는다. 식사를 하면서 계속 대화를 한다.
>
> "음식 맛이 어때?"
>
> "오늘은 김치찌개가 맛있네, 한 번 먹어 봐."
>
> 이렇게 한국의 식사시간은 일상적인 대화를 나누면서 사람들과 친해지는 시간이다.

연 습

• 위의 [보기] 중 적당한 방법을 찾아 처음 부분을 써 보십시오.

2.2 중간쓰기 1

이야기하고 싶은 경험을 자세히 쓴다. 각 문단에서 말하고 싶은 내용이 잘 드러나도록 쓴다.

한국 친구들은 여러 명이 함께 점심이나 저녁을 먹으러 간다. 또 한국 친구들은 같은 음식을 시켜서 나누어 먹기도 한다. 한국에서는 혼자 식당에서 밥을 먹는 사람을 많이 볼 수 없다. 서양에서는 혼자서 밥을 먹는 것은 자연스러운 일이고, 하나의 음식을 같이 먹지 않는다. 그래서 처음에 한국에 왔을 때는 이런 일들이 다 이상하게 보였다.

그러나 요즘은 나도 한국에 온 후에는 친구들과 같이 밥을 먹기 시작했다. 식사 시간이 되면 누군가 '밥 먹고 하자! 오늘은 뭘 먹을까?' 라고 먼저 말한다. 그러면 친구들은 같이 식당에 가서 여러 음식을 시켜서 나누어 먹는다.

연 습

• [보기]와 같이 처음 부분에 이어서 글의 중간 부분을 써 보십시오.

2.3 중간쓰기 2

자신의 경험으로부터 배운 점이나 느낀 점, 그리고 그 일에 대한 자신의 생각을 쓴다.

보 기

서양의 음식 문화는 개인적이다. 사람들은 다른 사람들을 의식하지 않고 혼자서 식당에 간다. 그리고 여러 사람이 같이 갈 때도, 자신이 먹고 싶은 음식을 주문해서 각자 먹는다.

한국의 음식 문화는 공동체의 문화이다. 한국 사람들은 친구나 동료들과 가족처럼 같이 식사를 한다. 누군가 맛있는 음식을 학교에 가져오면 다른 친구들과 함께 먹는다.

연 습

- [보기]와 같이 앞의 내용에 이어서 중간 부분을 써 봅시다.

2.4 끝 쓰기

위의 글에 대한 자신의 느낌을 정리하고 마무리한다. 글의 마지막 부분은 독자들에게 감동을 줄 수 있도록 쓰는 것이 좋다.

보 기

자신의 생각을 정리한다.

한국에서 음식을 먹는 것은 사회적이고 인간적인 관계를 만드는 일이다. 친구들과 같이 식사를 하면서 친해지고 그 사람을 이해하게 되는 것이다. 오늘 점심시간에도 나는 친구에게 이렇게 말할 것이다.

"빨리 점심 먹으러 가자. 순두부 먹으러 갈 사람?"

연 습

- [보기]와 같이 수필의 끝 부분을 써 봅시다.

과 제

- 내 인생에서 가장 소중했던 순간
- 선물
- 기억에 남는 만남

위의 제목 중 하나를 골라 수필을 써 보십시오.

1. 개요도

제목 :	
처 음	
중 간	
끝	

3. 수필 쓰기

제목 : ______________________________

정리해 봅시다

친구의 수필을 읽고 다음이 잘 이루어졌는지 표시해 보십시오.

	그렇다	그저 그렇다	아니다
• 글의 구성이 잘 되었는가?	☐	☐	☐
• 글쓴이의 경험이 잘 나타났는가?	☐	☐	☐
• 글쓴이의 느낌이 잘 나타났는가?	☐	☐	☐

05 조사 보고서

학습목표 : 조사를 통해 알아낸 결과로 체계적인 보고서를 쓸 수 있다.

준비해 봅시다

도움말

- 조사를 통해 알아낸 결과를 체계적으로 알기 쉽게 써서 보고하는 글
- 조사의 주제와 목적을 분명히 밝혀야 함.
- 조사한 사실을 체계적으로 정리하여 서술해야 함.
- 주관적인 감상을 피하고 객관적이고 간결하게 써야 함.

구 성

조사 목적	• 조사 배경과 목적 제시
조사 대상 및 방법	• 조사 대상과 조사 방법 제시
조사 내용 및 결과	• 조사 내용과 결과 제시
조사를 통해 얻은 결론	• 조사를 통해 알아낸 사실과 전망 제시

예 시

■ 성형수술에 대한 여성들의 의식 ■

10여 년 전만 해도 성형수술을 하는 것에 대해 부정적으로 생각하는 사람들이 많았다. 그러나 최근에는 성형수술에 대해 부정적으로 생각하는 사람들보다는 자신감을 키우기 위해 필요하면 하는 것이 좋다고 생각하는 사람들이 많아진 것 같다. 이번 조사는 20~30대 젊은 여성들의 성형수술에 대한 의식이 어떻게 변화했는지 알아보기 위해서 실시했다.

조사 대상은 20~30대 여대생 및 직장 여성 50명이었고 설문조사 방식으로 질문을 했으며 자신의 외모에 대한 만족도, 성형수술을 하는 이유 등의 질문을 했다.

설문조사 결과 자신의 외모에 대한 만족도는 그다지 높지 않았는데 50명 중 11명은 자신의 외모에 불만을 가지고 있다고 답했다. 또한 51.2%는 성형 수술을 받은 적이 있다고 말해 이제 성형 수술이 보편화되고 있음을 알 수 있었다. 수술을 받는 이유에 대해서는 52.8%가 조금 더 예뻐지기 위해, 32%는 변화를 원해서라고 대답했다. 또한 답변자 중 97%의 여성들이 외모가 취업에 영향을 미친다고 답했으며 75%는 할 수 있다면 자신도 성형수술을 하겠다고 대답했다.

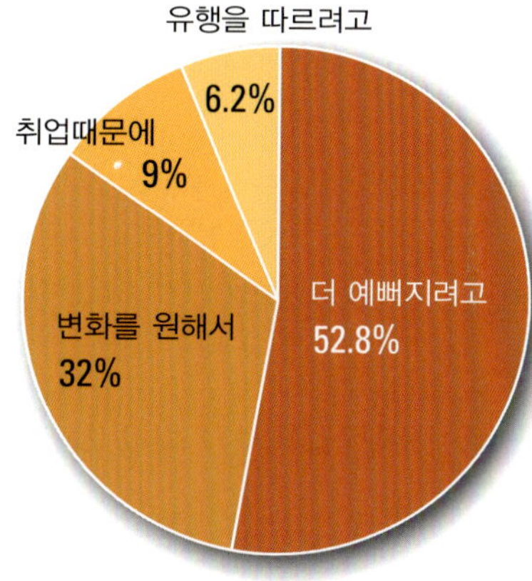

| 성형수술 이유 |

<설문지>

1. 자신의 외모에 만족하십니까?
2. 성형수술을 하신 적이 있습니까?
3. 성형수수을 하셨다면 그 이유는 무엇입니까?
4. 외모가 취업에 영향을 미친다고 생각합니까?
5. 여건이 된다면 성형수술을 할 의향이 있으십니까?

이번 조사를 통해 젊은 여성들에게 얼굴이 사회생활에서 매우 중요하게 인식되고 있는 것으로 나타났으며 성형수술을 더 이상 부정적으로 보고 있지 않다는 것을 알 수 있었다. 즉, 많은 젊은 여성들은 성공적인 사회생활을 위해, 자기만족을 위해 얼마든지 성형수술을 할 수 있다는 것을 알 수 있었으며 성형수술에 대해 매우 개방적인 의식을 가지고 있다는 것을 알 수 있었다.

05 조사 보고서

위 글을 다음 네 가지로 나누고 아래 표를 채워 보십시오.

조사 목적	
조사 대상 및 방법	
조사 내용 및 결과	
조사를 통해 얻은 결론	

써 봅시다

[보기]와 같이 [연습]에 제시된 내용으로 각 부분의 글을 써 보십시오.

1. 조사 목적

조사를 하게 된 배경과 목적을 밝힌다.

보 기

제목 : 아시아에서의 한류	
조사 목적	• 최근 아시아에서 한류가 유행하고 있음. • 한류의 원인과 전망을 알아보고자 함.

⇩

최근 아시아 지역에서 한국 노래, 드라마, 패션의 인기가 높아지고 있다. 유럽이나 미국에서와 달리 아시아 지역에서 이처럼 한류 열풍이 뜨겁게 일고 있는 원인이 무엇인지 알아보기 위해서 이번 조사를 하게 되었다. 그리고 앞으로 한류의 전망이 어떨지, 계속 한류를 유지하기 위해서 한국은 어떤 노력을 해야 할 것인지에 대해서도 알아보고자 한다.

연 습

제목 : 외국인 학생을 위한 과목 개설에 대한 요구 조사	
서론	• 외국인 학생을 위한 과목이 실제로 학업에 도움이 되지 않는 것들이 많음. • 외국인 학생들에게 도움이 되는 과목이 어떤 것인지 조사하여 학교 측에 요구하고 자 함.

⇩

2. 조사 대상 및 방법

조사 대상이 누구인지, 어떤 방법으로 조사했는지 밝힌다.

보기

조사 대상 및 방법	• 대상 : 한국에서 유학하고 있는 아시아 대학생 50명 • 방법 : 설문조사 실시

⇩

이번 조사는 한국에서 유학하고 있는 아시아 대학생 50명을 대상으로 이루어졌다. 조사 대상자들의 국적은 일본, 중국, 인도네시아, 말레이시아, 대만, 싱가포르이고 전공은 인문학, 경영학, 공학 등 다양하며 모두 한국 대중문화에 많은 관심을 가지고 있었다. 질문은 설문지를 통해 이루어졌다.

연습

조사 대상 및 방법	• 대상 : 우리 학교에 재학 중인 외국인 학생 50명 • 방법 : 설문조사 실시

⇩

3. 조사 내용 및 결과

어떤 내용의 조사를 했고 그 결과는 어떻게 나왔는지 밝힌다.

보 기

조사 내용 및 결과	• 한국 대중문화 중에서 가장 관심이 있는 것은 무엇인가? • 한국 대중문화가 자기 나라에서 인기를 얻고 있는 이유가 무엇이라고 생각하는가? • 한류가 아시아에서 계속 유지되기 위해서 어떤 노력이 필요하다고 생각하는가?

⇩

[조사 결과]

순위 질문	1	2	3	4
1. 가장 관심 있는 한국 대중문화	드라마 (25명)	가요 (13명)	영화 (7명)	패션, 공연 (5명)
2. 한국 대중문화의 인기 비결	친숙한 느낌 (30명)	연예인들의 호의적 태도 (12명)	한국에 대한 동경 (5명)	기타 (3명)
3. 한류를 위한 노력	새로운 내용과 형식 (31명)	다양한 소재 (10명)	연예인들의 겸손한 태도 (5명)	기타 (4명)

우선 한국 대중문화 중에서 어느 것에 대해 가장 관심이 많은지에 대해서 25명이 드라마라고 대답했으며 13명은 가요, 7명은 영화, 나머지는 패션, 공연이라고 대답했다.

다음으로 한국 대중문화가 자기 나라에서 인기를 얻고 있는 이유가 무엇인지에 대한 질문에는 서양문화보다 친숙한 느낌이 있어서라는 대답이 30명으로 60%를 차지했는데 자기 나라와 비슷한 외모의 연예인들이나 크게 다르지 않은 사회 환경에서 오는 느낌이 거부감을 주지 않기 때문이라고 응답했다. 또한 연기자나 가수들의 열심히 노력하는 모습과 겸손한 태도에서 호감을 느끼고 있다고 대답한 사람은 12명이었다. 그 외에 자기 나라보다 발전된 한국 문화에 대한 동경 때문이라는 대답은 5명으로 10%를 차지했다.

한류가 아시아에서 계속 유지되기 위해서 어떠한 노력이 필요한가라는 질문에는 31명이 똑같은 패턴의 드라마나 가요 대신 새로운 내용과 형식의 드라마와 가요를 지속적으로 개발해야 한다고 답했다. 그리고 5명은 한류 열풍으로 콧대가 높아진 관계자들이 더욱 겸손한 마음으로 아시아 시장을 대해야 할 것이라고 지적했다.

05 조사 보고서

연 습

조사 내용 및 결과	• 한국 유학에서 가장 어려운 점이 무엇인가? • 현재 개설된 과목의 문제점은 무엇인가? • 학업 능력 향상을 위해 필요한 과목이 무엇인가?

⇩

[조사 결과]

질문 \ 순위	1	2	3	4
1. 한국 유학에서 가장 어려운 점	언어 문제 (37명)	친구 문제 (7명)	경제 문제 (4명)	기타 (2명)
2. 현재 개설 과목의 문제점	한국어 향상에 도움이 안 됨 (33명)	강의식 수업 (12명)	어려운 내용 (4명)	기타 (1명)
3. 필요한 과목	한국어 말하기 (31명)	한국 현대사 (9명)	한국어로 논문 쓰기 (6명)	소규모 수업 (4명)

4. 결론

조사 결과를 통해 알아낸 사실이나 전망을 밝힌다.

보 기

조사를 통해 얻은 결론	• 한국 문화는 아시아 문화와 비슷하여 자연스럽게 받아들일 수 있었음. • 경제적으로 발전한 한국의 세련되고 고급스러운 문화에 대한 동경 • 더욱 다양하고 새로운 내용의 대중문화를 개발해야 함.

⇩

한국의 대중문화는 아시아 나라들이 공감할 수 있는 친숙한 문화이다. 따라서 한국의 대중문화는 아시아에 자연스럽게 들어올 수 있었고 한류를 일으킬 수 있었다. 또한 경제 발전으로 인해 세련되고 고급스럽게 발전한 한국 대중문화는 아시아 사람들의 동경을 얻게 되고 인기를 끌 수 있었다. 그러나 계속 이러한 상황이 유지된다고 확신할 수는 없다. 중국을 포함한 아시아 국가들의 경제 발전은 빠르게 진행되고 있으며 그 나라들의 대중문화도 함께 발전하고 있다. 앞으로는 더 이상 한국의 대중문화가 예전처럼 동경의 대상이 될 수 없을 것이다. 이제 똑같은 내용의 드라마나, 비슷비슷한 노래로는 한류를 유지할 수 없다. 한국은 다양하고 새로운 대중문화 내용을 지속적으로 개발해 한류의 열풍이 멈추지 않도록 해야 할 것이다.

05 조사 보고서

연 습

조사를 통해 얻은 결론	• 외국인 학생들에게 가장 필요한 것은 한국어 능력 향상임. • 외국인 학생들을 위한 과목이 개설되어 있지만 학업에 실질적 도움이 되지 못함. • 한국어 말하기 능력 향상을 위해 소규모로 이루어진 수업이 필요함. • 중도에 포기하는 학생들이 생기지 않기 위한 대책이 필요함.

⇩

과 제

자신이 알아보고 싶은 주제를 정해서 조사를 한 후 조사 보고서를 써 보십시오.

1. 개요도

제목 :	
조사 목적	
조사 대상 및 방법	
조사 내용 및 결과	
조사를 통해 얻은 결론	

2. 조사 보고서 쓰기

정리해 봅시다

친구의 보고서를 읽고 다음의 요소가 들어 있는지 표시해 보십시오.

- ☐ 조사 목적
- ☐ 조사 대상
- ☐ 조사 방법
- ☐ 조사 내용
- ☐ 조사 결과
- ☐ 조사를 통해 얻은 결론

06 서평

학습목표 : 책을 읽고 비평하는 글을 쓸 수 있다.

준비해 봅시다

도움말

- 책을 읽고 난 다음 자신의 생각을 정리한 글
- 책의 주제를 잘 이해해야 함.
- 책에 대한 평가나 비판이 잘 나타나야 함.

구 성

처 음	• 책 소개, 동기 • 저자 소개
중 간	• 책의 내용 • 인상적인 점
끝	• 책에 대한 평가 · 비판 • 자신의 생각

예 시

2008년에 출간된『고민하는 힘』은 우리 시대의 대학생들에게 현실과 인생을 보는 태도를 가르쳐 주는 책이다. 강의 시간에 교수님이 추천해 주셔서 이 책을 읽게 되었다.

이 책을 쓴 강상중 도쿄대 교수는 일본 규슈에서 태어났다. 그는 고등학생 때 한국인도 아니고 일본인도 아닌, 재일교포라는 자기 정체성에 대해 고민하기 시작했다고 한다.

이 책은 저자가 인생에 대해서 질문하고 고민했던 문제와 그 문제를 해결하는 방법에 대한 생각을 담은 책이다. 이 책에서 강상중은 '나는 누구인가, 돈이 전부인가, 안다는 건 무엇인가, 청춘은 아름다운가, 무엇을 위해 일하나, 변하지 않는 사랑이 있을까' 등 모두 아홉 가지 문제에 대해 이야기하고 있다.

이 책에서 인상적인 부분은 저자가 서울대학교를 방문한 후 느낀 점을 쓴 부분이다. 저자가 본 것은 "토익 900점을 넘지 않으면 취직하기 힘들다"며 공부에 열중하는 학생들의 모습이었다. 강 교수는 그런 학창시절을 보내면 일류 기업에 취직하고 많은 월급을 받게 될지도 모르지만, 그 결과 인생의 문제를 고민하는 힘을 잃게 될 것이라고 말한다.

이 책은 고민하는 것을 두려워하는 젊은이들에게 인생과 고민의 의미를 알려주는 의미 있는 책이다. 이 책을 읽고 나는 여러 가지 문제를 피하지 않고, 진지하게 고민해 보는 자세가 필요하다는 것을 느꼈다. 취업, 공부 등 여러 고민이 많은 친구들에게 이 책을 권하고 싶다.

위 글을 읽고 다음의 내용이 나타난 부분을 찾아 보십시오.

책에 대한 소개	
저자 소개	
책의 내용	
인상적인 점	
책에 대한 평가	
자신의 생각	

06 서평

써 봅시다

[보기]와 같이 [연습]에 제시된 내용으로 각 부분의 글을 써 보십시오.

1. 처음

1) 책 소개 : 책의 제목과 책의 내용을 간단하게 소개하고, 그 책을 읽게 된 동기를 쓴다.

보 기

- 제목 : 『다이어트의 성정치』
- 내용 : 다이어트의 사회적 의미를 연구한 책
- 동기 : 여성학 수업시간에 '다이어트와 여성문제'를 토론함. 사회자의 소개로 이 책을 알게 됨. 평소에 이 주제에 관심이 있어 도서관에서 빌려서 읽음.

⇩

『다이어트의 성정치』는 '다이어트'의 사회적 의미에 대해서 연구한 책이다. 여성학 수업 시간에 '다이어트와 여성문제'에 대해 토론했는데, 그때 사회자가 이 책을 소개해 주었다. 다이어트 문제에 관심이 많았던 나는 수업이 끝난 후 바로 도서관에 가서 이 책을 빌렸다.

연 습

- 제목 : 『한국을 소비하는 일본』
- 내용 : 일본에서 유행하는 한류에 대해 쓴 책
- 동기 : 도서관에서 한국 대중문화에 대한 책을 찾다가 이 책을 보게 되었음.

⇩

2) 저자 소개 : 책을 쓴 저자에 대해서 간단하게 소개한다.

보 기

지은이 : 한서설아
- 이화여대 대학원 여성학 전공
- 현재 여성문제를 연구하고 있음.

⇩

이 책을 쓴 한서설아는 이화여대 대학원에서 여성학을 전공한 여성학자이다. 그녀는 여성의 다이어트뿐만 아니라 다른 여성 문제에 대해서도 연구를 하고 있다.

연 습

지은이 : 히리타 유키에
- 대학에서 제2 외국어로 한국어를 배운 후 한국에 유학함.
- 현재 연세대학교 사회학과 대학원에서 공부하고 있음.
- 한국의 대중문화에 대해 연구함.

⇩

2. 중간

1) 책의 내용 : 책의 내용을 간단하게 정리하여 쓴다.

보 기

- 여성들이 다이어트를 하는 이유
  - 아름다워지기 위해서가 아님.
  - 다른 사람의 눈에 아름답게 보이고 싶어함.
  - 기업들이 다이어트 제품을 사도록 다이어트를 유행시킴.
- 다이어트의 문제점 비판
  - 건강을 해침.
  - 과소비

⇩

이 책에서 저자는 여성들의 다이어트를 아름다워지고 싶은 마음의 문제로 설명할 수 없다고 본다. 그는 여성이 날씬한 몸을 원하게 되는 이유는, 다른 사람들이 자신을 예쁘게 봐 주기를 바라는 마음에서 비롯된다고 말한다. 또 옷이나 다이어트 제품을 많이 사도록 만들기 위해서 기업들이 다이어트 문화를 유행시킨다고 한다.

여성들은 아름다운 몸을 갖기 위해서 무리하게 다이어트를 해서 건강을 해치게 되고, 필요 없는 물건을 소비하게 되는 등 여러 가지 문제가 발생한다.

이 책은 이런 다이어트의 문제를 비판하면서, 여성이 다이어트에서 해방되어 자기만의 아름다움을 만들어야 한다고 말한다

연 습

- 일본에서 한국 문화가 유행하는 이유를 설명
  - 한국에 대한 관심 많아짐.
  - 정치적 · 역사적인 관심에서 대중문화에 대한 관심으로 바뀜.
- 일본의 대중문화와 한국의 대중문화 비교 → 두 나라의 대중문화에 대한 이해를 도와줌.

⇩

2) 인상적인 점: 책에서 가장 인상적인 부분이나 내용을 정리하여 쓴다.

보 기

• 흥미로운 부분 : 여성들과의 인터뷰
  – 단식원에 들어온 여성들에게 다이어트에 대해 질문함.
  대답 : 다이어트는 여성들의 삶에서 매우 중요함.
  다이어트가 여성을 고통스럽게 함.

⇩

이 책에서 제일 흥미로운 부분은 여러 여성의 인터뷰 내용이다. 저자는 살 빼려는 목적으로 단식원에 들어온 여성 20명을 직접 만나서 다이어트에 대해서 질문했다. 이 여성들의 대답을 통해서 저자는 다이어트가 여성들의 삶에서 얼마나 중요한 부분을 차지하고 있으며, 또 얼마나 여성들을 고통스럽게 만드는지를 알려주었다.

연 습

• 흥미로운 부분 : 한류 드라마, 영화, 가수 등을 직접 소개함.
  – 왜 일본에서 한국 드라마가 인기가 있는지 알 수 있게 되었음.
  – 한국 드라마에 나타난 한국 사람의 성격, 가치관, 문화를 이해하게 되었음.

⇩

____

____

____

3. 끝

1) 책에 대한 평가 · 비판 : 책의 의미나 가치에 대한 자신의 비판을 쓴다.

보 기

• 책의 의미
 – 다이어트 열풍에 대한 비판적 시각을 가지게 함.
 – 많은 여성들이 공감할 수 있는 내용
• 비판
 – 다이어트에 대해 부정적 시각만 보여줌.

⇩

이 책의 내용은 외모에 대해 고민하거나 다이어트를 해본 여성들이라면 누구나 공감할 수 있는 것이다. 이 책은 최근 유행하는 다이어트 열풍에 대해서 비판적 시각을 가질 수 있게 한다는 점에서 의미가 있다. 그러나 이 책은 다이어트에 대한 부정적 시각만을 이야기하는 문제도 있다. 건강을 위한 다이어트 등 다이어트의 필요성에 대해서도 생각해 보아야 할 것이다.

연 습

• 책의 의미
 – 일본인의 눈으로 한류를 살펴보아 한국 사람과 다른 관점을 보여줌.
 – 한국 문화와 일본 문화에 대한 이해를 도와줌.
• 비판
 – 한류 열풍의 문제점에 대한 언급이 부족함.

⇩

2) 자신의 생각 : 책을 읽은 후의 자신의 생각을 쓴다.

보 기

- 생각
  - 우리 사회의 문제를 다시 생각하게 해 주는 좋은 책
  - 많은 여성들에게 추천하고 싶음

⇩

이 책은 우리 사회에 유행하는 다이어트 열풍에 대해서 다시 생각하게 해 주는 좋은 책이다. 아름다운 몸을 갖기 위해서 힘들게 고생하는 많은 여성들에게 이 책을 추천하고 싶다.

연 습

- 생각
  - 이 책을 통해서 한국과 일본의 문화를 더 잘 알게 됨
  - 두 나라 문화에 관심이 있는 사람들에 권하고 싶음.

⇩

____

____

____

과 제

여러분이 읽은 책의 서평을 써 보십시오.

1. 개요도

2. 서평 쓰기

제목 : ______________________________

정리해 봅시다

친구의 서평을 읽고 다음이 잘 이루어졌는지 표시해 보십시오.

	그렇다	그저 그렇다	아니다
• 처음-중간-끝의 내용을 잘 계획했는가?	☐	☐	☐
• 책의 내용을 잘 정리했는가?	☐	☐	☐
• 책에 대한 비판 · 생각이 잘 나타났는가?	☐	☐	☐

07 비판 · 논쟁형 논설문

학습목표 : 논쟁이 되는 주제에 대해 자신의 입장을 논리적으로 주장하는 글을 쓸 수 있다.

준비해 봅시다

도움말

- 찬성과 반대 또는 두 가지 이상의 의견이 존재하는 논쟁적 주제에 대해 자신의 입장을 논술하는 글
- 깊이 있고 비판적인 사고를 통해 현재의 상황에서 논쟁이 되는 주제를 평가해야 함.
- 대립되는 의견들을 함께 살피면서 구체적이고 다각적인 논거를 통해 자신의 주장을 설득력 있게 기술해야 함.

구 성

서 론	• 논쟁적 논제를 제시 • 자신의 입장 제시
본 론	• 자신의 주장에 대한 근거 제시
결 론	• 내용 종합 • 자신의 주장에 대한 보완점 제시 • 미래에 대한 전망

예 시

■ 제목 : 낙태 합법화 ■

현재 낙태가 합법이라고 규정하고 있는 나라는 56개국에 이르며, 사회 및 경제적인 이유에 한해 낙태를 허용하는 국가는 13개국이다. 한국은 아주 예외적인 경우를 제외하면 거의 낙태를 허용하지 않는다. 그러나 한국 사회의 현실을 고려할 때 낙태를 합법화하는 움직임은 다음과 같은 두 가지 이유에서 바람직하다.

첫째, 낙태는 우선 여성의 행복추구권을 존중해야 한다는 면에서 허용되어야 한다. 낙태가 태아의 생존권을 빼앗는 살인과 같은 행위라고 반대하는 사람들이 있지만 여성이 계획에 없던 아이나 기형아를 낳을 경우 현실적으로 매우 힘든 삶을 살게 될 것이다. 그렇게 되면 여성 개인의 행복 추구권은 누가 책임을 져 줄 것인가? 아직 한국은 정부가 그런 여성들을 제도적으로 책임져 주고 지원해 줄 단계는 아니라고 보기 때문에 현재 한국의 현실에서 낙태가 허용되어야 한다.

둘째, 낙태를 계속 불법으로 규정하는 것은 현재 불법적 낙태 수술을 지속시키고 강화시키는 결과를 낳는다. 이런 음성적 수술은 여성들의 건강에 해가 되며 잘못될 경우 보상을 받기도 어렵다.

가장 이상적인 것은 계획에 없던 임신을 하지 않도록, 또한 기형아 임신의 가능성을 최대한 줄이도록 미리 교육을 통해 예방하는 것이다. 또한 그러한 임신으로 태어난 아이와 산모의 삶이 고통스럽지 않도록 정부가 지원하고 제도를 마련하는 것이다. 하지만 한국의 현실은 아직 그러한 제도나 임신 및 출산에 대한 교육이 자리잡지 않았으므로 낙태를 합법화하여 불법 낙태를 줄이고 여성이 행복을 추구할 수 있도록 하는 일이 시급하다.

07 비판 · 논쟁형 논설문

아래 개요를 보고 위 글을 서론, 본론, 결론으로 나누어 보십시오.

제목 : 낙태 합법화	
서 론	• 낙태에 대한 세계의 규정, 한국의 현실 • 낙태를 불법화 하자는 의견들이 있음. • 그러나 한국의 현실에서 낙태 합법화가 필요함.
본 론	• 첫째, 여성의 행복 추구권이 중요함. • 둘째, 낙태 불법 규정은 불법적 낙태를 강화함.
결 론	• 교육을 통한 예방과 정부의 제도적 지원이 필요함.

서 론	1 : 현재 ~
본 론	
결 론	~ 18 : 일이 시급하다

써 봅시다

[보기]와 같이 [연습]에 제시된 내용으로 각 부분의 글을 써 보십시오.

1. 서론

논쟁이 되어 왔던, 또는 되고 있는 논제를 제시하고 자신의 입장을 밝힌다.

보 기

제목 : 조기 유학	
서 론	• 기러기 아빠와 조기 유학 열풍 • 조기 유학이 필요하다는 의견들이 있음. • 그러나 조기 유학은 부정적인 면이 많음.

한국에는 '기러기 아빠'가 많다. 기러기 아빠란 성인이 되기 전의 아이가 외국으로 유학을 가고 이 때 엄마가 같이 따라가서 한국에 혼자 남게 된 아빠를 말한다. 기러기 아빠라는 신조어는 한국의 조기 유학 열풍을 말해 준다. 유학의 목적은 주로 영어를 배우는 것이다. 많은 사람들은 글로벌 시대에 어렸을 때부터 경쟁력을 갖추려면 영어를 배워야 하고 영어를 제대로 배우려면 영어권 국가로 조기 유학을 가는 것이 필요하다고 주장한다. 하지만 조기 유학은 아이들에게나 가족들에게나 좋은 점보다는 부정적인 면이 많다.

연 습

제목 : 성형 수술	
서 론	• 성형 수술 열풍 • 외모가 중요하다, 자신감을 높인다는 주장들이 있음. • 그러나 성형 수술에 반대함.

⇩

2. 본론

자신의 주장에 대한 근거를 제시한다. 나의 입장과 다른 의견에 대한 한계점을 논한다.

보 기

본 론	• 아이들의 정서에 안 좋음. • 나중에 사회 생활에 불리함. • 국어 실력, 학습 능력에 부정적 영향을 줌. • 가족의 기능을 못 함.

⇩

먼저 아이들의 정서에 안 좋다. 아직 정신적으로 성숙하지 못한 아이들은 변화된 환경에서 언어의 차이뿐 아니라 문화의 차이로 인해 스트레스를 받을 수 있다. 또 적응을 했다고 해도 한국으로 돌아오면 다시 한번 환경 변화에 적응해야 하는 어려움이 있다. 두 번째로 성인이 된 후 아이들의 사회생활에도 도움이 안 된다. 사회생활을 할 때는 인맥도 중요한데 조기 유학을 한 아이들은 성인이 된 후에 튼튼한 인맥을 가지지 못하게 될 가능성이 있다. 세 번째로 아이들의 국어 실력에도 부정적 영향을 미친다. 몇 년씩 외국에서 생활한 아이들은 아무래도 국내에서 계속 교육받은 아이에 비해 국어 실력이 떨어진다. 한국어로 제대로 읽고 듣는 능력뿐 아니라 풍부한 어휘와 정확한 문법으로 말하고 쓸 줄 아는 능력은 전체적인 학습 능력에 영향을 줄 수 있다. 네 번째로 가족의 문제이다. 가족끼리 떨어져 사는 상황에서 가족은 그 기능을 제대로 할 수 없고 가족 구성원 모두에게 불안감, 고독감을 줄 수 있다.

연 습

본 론	• 외모지상주의를 강화함 • 개성이 없어짐. 모두 비슷한 외모를 가짐. • 성형으로 생긴 자신감은 한계가 있음. 다시 성형을 할 가능성이 높고 성형 중독증이 생길 수 있음.

⇩

3. 결론

자신의 주장을 종합한다. 자신의 주장에 대한 한계점이 있으면 제시하고 보완점을 이야기한다. 사회적 의미나 전망에 대해 쓴다

보기

결론	• 영어 교육은 국내에서도 가능

⇩

물론 글로벌 시대에서 영어 실력은 중요하다. 그렇지만 여러 가지 면에서 아이에게 해를 주면서 또 가족의 기능을 파괴하면서까지 조기 유학을 해야 할 만큼 중요하지는 않다. 한국에서도 다양한 프로그램이 개발되고 있고 좋은 교재, 좋은 학원과 교사가 많아지고 있으므로 한국에서 영어를 가르치는 것도 하나의 방법이 될 수 있다.

연습

결론	• 외모지상주의를 부추기지 않는 사회적 분위기가 필요함. • 내면의 자신감을 키우려는 노력이 필요함.

⇩

과 제

학교 체벌

위의 제목으로 비판 · 논쟁형 논설문을 써 보십시오.

1. 개요도

서 론	
본 론	
결 론	

2. 비판 · 논쟁형 논설문 쓰기

제목 :

정리해 봅시다

친구의 논설문을 읽고 다음이 잘 이루어졌는지 표시해 보십시오.

	그렇다	그저 그렇다	아니다
• 자신의 입장을 분명하게 제시했는가?	☐	☐	☐
• 다각적인 논거를 통해 설득력 있게 입장을 주장했는가?	☐	☐	☐
• 주장을 펼칠 때 대립되는 의견도 같이 살폈는가?	☐	☐	☐

08 문제 · 해결형 논설문

학습목표 : 문제를 파악하고 해결 방안을 제시하는 글을 쓸 수 있다.

준비해 봅시다

도움말

- 문제 상황을 기술하고 그 원인을 분석하며 그에 대한 해결 방안을 논리적으로 쓴 글
- 명료하게 문제를 제기해야 함.
- 문제점을 객관적으로 기술하고 원인을 여러 각도에서 분석해야 함.
- 구체적이고 실제적인 해결 방안을 제시해야 함.
- 원인, 문제점, 해결 방안이 서로 잘 연결되는지 확인해야 함.

구 성

서 론	• 문제 제기
본 론	• 문제점 및 원인 분석
결 론	• 해결 방안 제시

예시

■ 제목: 청소년 자녀와 부모 간 의사소통 단절 문제와 그 대책 ■

최근 청소년과 부모 사이에 의사소통이 단절되는 가정이 많아지면서 여러 가지 문제가 나타나고 있다. 범죄를 일으키는 청소년 중에는 부모와 대화가 없는 가정의 자녀들이 많다고 한다. 따라서 이는 개인적인 문제일 뿐만 아니라 심각한 사회 문제이기도 하다.

정신적으로 끊임없이 성장하는 나이의 청소년들이 부모와 대화를 잘 하지 않으면 인생의 방향을 잃기 쉽고 부모와 갈등이 생겨 정서적으로 혼란스러워질 수 있다. 또 불안감과 우울증에 사로잡혀 사회에서 적응을 하지 못하고 심한 경우 범죄를 저지르거나 폭력적이 되기 쉽다.

대화가 단절되는 이유는 여러 가지이다. 우선 청소년들은 입시 경쟁 때문에 학교, 학원에 다니느라고 부모와 마음을 열고 대화를 할 시간적, 정신적 여유가 없다. 둘째, 인터넷의 영향이 크다. 아이들은 여유가 생겨도 주로 컴퓨터 앞에 앉아 사이버 공간에서 채팅을 하거나 음악을 듣고 영화를 보면서 시간을 보낸다. 세 번째로 부모들의 권위적인 태도도 문제가 될 수 있다. 부모 생각대로 이래라 저래라 하면 자녀들은 부모와 대화를 하기가 점점 어려워진다.

이러한 문제는 당사자뿐만 아니라 사회 전체가 노력해서 해결해야 하는 문제이다. 우선 부모 스스로가 아이들이 어렸을 때부터 끊임없이 대화를 하는 분위기를 만들어야 한다. 주말마다 등산을 한다든가 같이 식사 준비를 한다든가 함께 하는 활동을 습관화하는 것도 좋을 것이다. 부모들은 권위적인 태도를 버리고 아이들 입장에서 대화를 하려고 노력해야 한다. 인터넷이나 핸드폰에 빠져 있는 아이들에게 부모가 인터넷 채팅이나 핸드폰 문자로 대화를 시도하는 것도 좋은 방법이다. 대화 단절이 심각하다면 전문가의 도움을 받는 것이 좋다. 여러 가지 노력으로 서로에 대한 사랑과 신뢰를 회복하고 또 그것을 지켜나가기 위해 끊임없이 대화를 하는 가정이 되어야 할 것이다.

위 글을 서론, 본론, 결론으로 나누어 보고 ________에 맞는 말을 쓰십시오.

제목 : 청소년 자녀와 부모 간 의사소통 단절 문제와 그 대책	
서 론	청소년 자녀와 부모 간 대화 단절 문제는 개인적, 사회적 문제
본 론	문제점 대화가 없는 가정의 아이들은 정서적 혼란, 우울증을 겪고 범죄를 저지르거나 폭력적 성격을 갖기 쉬움 ________________ 첫째, 입시 준비로 여유가 없음. 둘째, 인터넷의 영향 셋째, 부모의 권위적인 태도
결 론	________________ 어렸을 때부터 대화하고 가족과 함께 활동하기 부모가 권위적 태도 버리기 인터넷, 핸드폰으로 자녀에게 말걸기 전문가의 도움 받기

써 봅시다

[보기]와 같이 [연습]에 제시된 내용으로 각 부분의 글을 써 보십시오.

1. 서론

명료하게 문제를 제기한다.

보 기

제목: 지구 온난화의 문제점과 해결 방안	
서 론	• 이상기후 현상은 지구 온난화의 결과 • 인류의 미래를 위협하는 심각한 문제

⇩

요즘은 지구 곳곳에서 폭우, 폭설, 가뭄 등 이상 기후 현상이 많이 나타나고 있다. 이런 기후 불균형은 자연적인 기후 변화에 지구 온난화가 겹쳐서 더 심각하게 나타나고 있다. 이런 문제뿐만 아니라 지구 온난화는 해수면을 점점 높이고 있어서 인류의 미래에 위협이 된다.

연 습

제목: 청소년 자살의 문제점과 해결 방안	
서 론	• 청소년 자살 증가 (2010년 현재 전년 대비 47% 증가) • 국가의 미래를 책임 질 청소년 자살은 사회 문제

⇩

2. 본론

원인 및 문제점을 분석한다.

보 기

본 론	문제점 • 태풍이나 해일 등 이상기온, 해수면 상승, 가뭄, 생태계 파괴 등등 원인 • 프레온가스가 오존층을 파괴해 자외선을 막아주지 못함. • 이산화탄소가 증가해 태양의 복사열을 잡아 둠.

⇩

지구 온난화는 태풍, 해일, 폭염, 가뭄 등의 이상기온 현상뿐만 아니라 해수면을 높여 인류의 생존을 위협한다. 빙하가 녹아 지난 100년 동안 해수면이 23cm 상승했다고 한다. 이로 인해 해안에 가까운 도시가 큰 위협을 받고 북극곰, 펭귄 등 여러 동식물들이 멸종위기에 처해 있다. 한국의 경우 겨울이 없어지고 태풍 가뭄 등의 자연재해가 심해질 것이라고 한다.

지구 온난화의 원인에 대해서는 여러 가지 설이 있지만 가장 널리 알려진 것은 프레온가스와 이산화탄소의 증가이다. 프레온가스는 스프레이나 에어컨, 냉장고 등의 냉매로 사용되는데 프레온가스가 태양의 자외선을 막아 주는 오존층을 파괴해서 지구가 점점 더워진다고 한다. 또 인구 증가, 자동차 매연, 숲 파괴 등으로 점점 증가하는 이산화탄소가 태양의 복사열을 지구에 잡아 두는 역할을 한다고 한다.

연 습

본 론	문제점 • 가정 파탄 • 생명 경시 풍조 조장 • 국가 경쟁력 약화 원인 • 가정 관련 : 가정 무관심, 폭력 • 학교 관련 : 성적 비관, 폭력과 괴롭힘, • 인터넷 관련 : 자살 관련 유해정보 (자살 방법 소개, 동반 자살, 독극물 판매 등), 유명 연예인 자살 뉴스 • 기타 : 이성 문제, 질병 등등

⇩

3. 결론

해결 방안을 제시한다.

보 기

결 론	• 개인적 : 대중교통 이용, 환경 보호, 에너지 절약, 재활용 • 국가적 : 대체 에너지 개발 (석유 대신 풍력, 원자력 등...) • 국제적 : 탄소 배출량 감소를 위한 협약 강화

⇩

지구 온난화는 우리와 우리의 자손들을 위협하는 문제이므로 모두 그 심각성을 깨닫고 해결을 위해 힘써야 한다. 개인적으로는 생활 속에서 이산화탄소를 줄이는 노력을 해야 한다. 가능하면 대중교통이나 자전거 등을 이용하고 이산화탄소를 흡수하는 나무와 숲을 지켜야 한다. 또 에너지를 절약하고 쓰레기를 재활용하는 노력도 필요하다. 국가적으로는 석유 대신 사용할 수 있는 에너지를 개발해야 한다. 또 전기 자동차 상용화를 위해 노력해야 한다. 국제적으로는 탄소 배출량을 줄이는 국제적 협약을 강화해야 하겠다.

연 습

결 론	• 가정 : 부모와 청소년과의 대화, 끊임없는 관심 • 학교 : 폭력 근절, 괴롭힘 당하는 청소년 보호 • 정부 : 인터넷 유해정보에 대한 철저한 관리 • 기타 : 생명의 귀중함, 자살 방지 교육과 캠페인 실시, 응급 상담 전화 운영 • 청소년에 대한 사회 전반의 따뜻한 관심이 최우선되어야 함.

⇩

과 제

게임 중독 문제와 해결 방안

위의 제목으로 문제 해결형 논설문을 써 보십시오.

1. 개요도

서 론	
본 론	
결 론	

2. 문제 해결형 논설문 쓰기

제목 : ____________________

정리해 봅시다

친구의 논설문을 읽고 다음이 잘 이루어졌는지 표시해 보십시오.

	그렇다	그저 그렇다	아니다
• 문제를 명료하게 제기했는가?	☐	☐	☐
• 문제점을 객관적으로 기술했는가?	☐	☐	☐
• 원인을 여러 각도에서 분석했는가?	☐	☐	☐
• 구체적이고 실제적인 해결 방안을 제시했는가?	☐	☐	☐
• 원인, 문제점, 해결 방안이 잘 연결되었는가?	☐	☐	☐

09 비교 · 대조형 논설

학습목표 : 대상들을 비교하고 대조하여 대상들 간의 공통점과 차이점을 분석하는 글을 쓸 수 있다.

준비해 봅시다

도움말

- 둘 이상의 대상을 비교·대조하여 그 공통점과 차이점을 자기 나름의 관점으로 분석하여 쓴 글
- 비교·대조할 대상이 독자들에게 낯선 것들이라면 그 의미를 알리고, 익숙한 것이라면 현황을 이야기하거나 기사, 통계 등을 소개할 수 있음.
- 누구나 아는 공통점과 차이점을 소개하는 데에 그치는 것이 아니라 근본적인 공통점이나 근본적인 차이점을 분석해야 함.
- 가장 근본적인 공통점이나 차이점을 요약하거나 자신의 생각이나 관점을 제시하면서 마무리함.

구 성

서 론	• 비교·대조할 대상 소개
본 론	• 비교·대조할 대상에 대한 구체적 설명 • 공통점과 차이점 분석
결 론	• 자신의 생각이나 관점 제시 • 요약

예 시

■ 제목 : 님비와 핌피 ■

님비(NIMBY)는 영어의 Not In My Back Yard, 핌피(PIMFY)는 Please In My Front Yard의 첫 글자를 따서 만든 약어이다. 님비현상은 주민들이 자신이 사는 곳에 어떤 시설을 짓는 것에 반대하는 현상이고 핌피는 주민들이 자신들의 지역에 어떤 시설을 적극적으로 들여오려고 하는 현상이다.

님비와 핌피는 최근 한국에서도 많이 볼 수 있는 현상이다. 주민들이 핵 쓰레기 시설이나 공원묘지 같은 시설을 자신들의 지역에 만드는 것에 대해 반대하는 시위를 벌이는 것이 님비 현상의 예이다.

핌피는 반대로 주민들이 자신들이 사는 곳에 특정한 시설을 들여오려고 하는 현상이다. 예를 들면 자신이 사는 지역에 큰 정부 청사, 큰 쇼핑몰 등이 만들어지거나 올림픽이나 월드컵이 자신들의 지역에서 열리도록 노력하는 것이다.

님비와 핌피 현상은, 하나는 시설 유치에 반대하고 다른 하나는 시설 유치를 위해 노력한다는 점에서 대조적이다. 하지만 서로 달라 보이는 두 행동의 동기는 같다. 바로 지역 이기주의이다. 님비 현상은 쓰레기 처리장 같은 시설이 자기 지역에 만들어지면 땅값이나 집값이 내려갈 수 있다는 생각에서, 핌피 현상은 큰 관공서 같은 시설이 들어오면 자신의 지역이 발전되고 집값도 올라갈 것이라는 생각에서 출발한다.

정부가 이 문제를 해결하는 데에 더 적극적으로 노력해야 한다. 예를 들면 쓰레기장을 만드는 대신 지역 주민에게 혜택을 주는 것도 님비 문제를 해결하는 한 방법이다. 그러나 정부의 노력에는 한계가 있다. 지역 이기주의에서 출발한 님비와 핌피 현상은 주민들이 성숙한 국민 의식을 가질 때 극복될 수 있을 것이다.

09 비교 · 대조형 논설문

위 글을 서론, 본론, 결론으로 나누어 보고 표의 빈 곳을 채워 보십시오.

제목 : 님비와 핌피	
서 론	• 님비(NIMBY) : 주민들이 자신의 지역에 시설 짓는 것을 반대하는 것 • 핌피(PIMFY) : 주민들이 지역에 시설을 유치하려고 하는 것
본 론	• 님비현상의 예 : 핵 쓰레기, 공원묘지 못 들어오게 함. • 핌피현상의 예 : 관공서, 큰 쇼핑몰 들어오게 함. • ____________ : 님비는 시설 유치에 반대, 핌피는 시설 유치를 위한 노력 • ____________ : 지역 이기주의
결 론	• 정부의 적극적 노력이 필요함. • 성숙한 국민의식을 가져야 함.

써 봅시다

[보기]와 같이 [연습]에 제시된 내용으로 각 부분의 글을 써 보십시오.

1. 서론

비교 대조할 대상을 간단히 소개하고 독자의 관심을 끈다.

보 기

제목 : 코쿤족과 은둔형 외톨이	
서 론	• 코쿤족과 은둔형 외톨이는 비슷하면서도 다름. • 코쿤족: cocoon (영어) • 은둔형 외톨이: 히키코모리 (일본어)

⇩

코쿤족과 은둔형 외톨이는 공통점이 많아서 같은 것으로 보는 사람도 있으나 사실 차이가 있다. 코쿤족은 영어의 누에고치를 의미하는 영어 단어 cocoon에서 나온 말이고 은둔형 외톨이는 일본의 히키코모리라는 신조어가 한국으로 들어오면서 한국어 표현으로 바뀐 말이다.

09 비교 · 대조형 논설문

연 습

제목 : 투자와 투기	
서 론	• 투자와 투기는 비슷해서 구분이 어려우나 다른 개념임. • 투자 : 이익을 얻기 위하여 어떤 일이나 사업에 돈, 시간, 정성을 쏟음. • 투기 : 시세 변동을 예상하여 차익을 얻기 위하여 하는 불법적 매매 거래

⇩

2. 본론

비교 대조할 대상들에 대해 구체적으로 설명하고 공통점과 차이점을 분석한다.

보 기

본 론	• **공통점** 혼자 있기 좋아함. 사회의 불안감과 스트레스로부터 자신을 지키려는 방법임. • **차이점** 코쿤족 : 나름대로의 사회생활을 함. 은둔형 외톨이 : 코쿤족보다 더 폐쇄적임. 사회생활이 힘듦.

⇩

코쿤족은 누에고치처럼 자신만의 공간에 있으려고 하는 사람들로, 자신의 집, 차 안, 사이버 공간 등 자신만의 공간에서 생활하기를 좋아하며 은둔형 외톨이는 방이나 집에서 나가지 못하거나 나가지 않는 사람들을 말한다. 둘 다 사회의 불안감이나 스트레스를 피하기 위해서 밖으로 잘 나가지 않는다는 공통점이 있다.

그러나 히키코모리가 '틀어박히다'라는 뜻에서 출발한 것처럼 코쿤족에 비해서 폐쇄적인 성격이 더 강하다. 코쿤족은 복잡하고 불안한 사회로부터 자신을 지키기 위해 다른 사람과 만나는 것을 싫어해서 혼자 드라이브를 하거나 자신만의 공간에서 오디오 비디오 기기를 갖추고 음악과 영화를 즐긴다. 이들은 정상적인 직장생활을 하는 경우도 많으며 에너지를 다시 얻기 위해 혼자만의 공간을 찾는 것으로 볼 수 있다. 반면 은둔형 외톨이는 외출은 거의 하지 않고 심하면 몇 년 동안 방에서 나오지 않는다. 가족 누구와도 대화를 하지 않고 밤과 낮이 바뀐 생활을 한다. 이들은 가정이나 사회에서 폭력, 따돌림 등의 경험이 있고 자기혐오나 우울증 증상을 보이며 사회생활을 하기 힘든 경우가 많다.

09 비교 · 대조형 논설문

연 습

본 론	• **공통점** 돈을 벌거나 이익을 얻기 위해 어떤 일에 시간과 돈을 쓰는 것임. • **차이점** 투자 – 정당한 방법. 합법적임. 보통 산 후 팔 때까지의 기간이 긺 예 정당한 방법으로 집을 사서 거기에서 살다가 나중에 값이 오르면 파는 것 투기 – 사회적으로 피해를 줌. 짧은 시간에 가격 차이로 돈을 버는 것이 목적임. 예 정부의 주택 정책 같은 정보를 몰래 입수해서 집을 삼. 값이 오르면 빨리 팔아 버림. 쓸데없이 집값을 올려 실수요자들에게 피해를 줌.

⇩

3. 결론

자신의 생각이나 관점을 쓴다. 중요한 내용을 요약하거나 강조하고 마무리한다.

보 기

결 론	• 코쿤족은 새로운 방법으로 사회에 적응했고 은둔형 외톨이는 실패한 경우임. • 은둔형 외톨이 문제에 대한 사회적 국가적 노력이 필요함.

⇩

코쿤족이나 은둔형 외톨이는 모두 불안한 사회, 심한 경쟁, 스트레스로부터 자신을 지키고 보호하기 위해 생겨난 사회현상이다. 하지만 코쿤족은 갈등과 스트레스로부터 자신을 지키면서도 사회생활을 해 나간다는 점에서 복잡해진 사회에 새로운 방법으로 적응한 사람들이라고 할 수 있는 반면 은둔형 외톨이는 사회에 적응하는 데에 실패한 경우라고 볼 수 있다. 은둔형 외톨이가 더 심각한 사회문제가 되지 않도록 사회적 국가적으로 더 많은 고민과 더 적극적인 노력이 필요하다.

연 습

결 론	• 투기는 투자와 달리 시장을 어지럽힘. • 투기 때문에 사회적으로 피해를 보는 사람들이 많기 때문에 강력한 법으로 규제해야 함

⇩

09 비교 · 대조형 논설문

과 제

- 개인주의와 이기주의
- 패러디와 표절
- 애국심과 국수주의
- 기타 : ______________

위의 제목 중 하나를 골라 비교 · 대조형 논설문을 써 보십시오.

1. 개요도

서 론	
본 론	
결 론	

2. 비교 · 대조형 논설문 쓰기

정리해 봅시다

친구의 논설문을 읽고 다음이 잘 이루어졌는지 표시해 보십시오.

	그렇다	그저 그렇다	아니다
• 비교 · 대조의 대상을 잘 소개했는가?	☐	☐	☐
• 공통점과 차이점을 잘 분석했는가?	☐	☐	☐
• 자연스럽게 마무리했는가?	☐	☐	☐

10 시험 답안 쓰기

학습목표 : 시험에서 좋은 점수를 받을 수 있도록 서술형 답안을 효과적으로 작성할 수 있다.

준비해 봅시다

1. 답안 작성

1) 문제 읽기

- 무엇에 관해 쓰라는 것인지 파악한다.
- 문제의 유형을 파악한다.
- 문제와 제시문을 자세히 읽고 문제의 유형에 따라 생각을 정리한다.

2) 내용 구성하기

- 답안 개요도를 작성하여 답안에 쓸 내용을 단락별로 정리한다.
- 답안은 서론-본론-결론의 구성을 갖추도록 한다.
- 하나의 답안이 한 편의 완결된 글이 되도록 한다.
- 길게 쓴 것이 꼭 좋은 답안은 아니므로 무조건 많이 쓸 필요는 없다.

3) 답안 작성하기

● 표현

- 종결어미는 '~는다'를 사용하고 '~습니다'는 사용하지 않는다.
- 주어 '나'를 사용하지 않고 생략한다.
- 주어와 서술어가 잘 맞도록 써야 하며 접속사는 너무 많이 쓰지 않는다.
- 반복되는 표현이나 불필요한 표현들은 피한다.
- '너무', '굉장히', '완전히'와 같은 과장 표현이나 감정적인 표현은 쓰지 않는다.
- '~는 것 같다'와 같이 불확실하거나 '~인 것이다'와 같이 지나치게 단정적인 표현은 피한다.
- 축약어나 유행어, 이모티콘, 말줄임표 등을 쓰지 않는다.
- '하지만', '~랑', '근데'와 같은 구어체를 쓰지 않는다.

● 형식

- 문장은 간결하게 쓰며 한 문장이 40자를 넘지 않도록 한다.
- 시험지 좌우 양쪽에 여백을 둔다.
- 서론, 본론, 결론을 시작할 때는 구분이 되도록 첫 칸을 비우고 쓴다.
- 본론 안에 여러 단락이 있을 때는 단락 시작마다 첫 칸을 비우고 쓴다.
- 글자 크기는 너무 작지 않게 하며 글을 쓴 후 반드시 검토를 하여 맞춤법, 문장부호, 띄어쓰기에 오류가 없는지 확인한다.

2. 문제 유형

요약형	주어진 자료를 정확하게 이해한 후 적당한 길이로 요약하는 유형
설명형	어떤 대상이나 정보를 정확하게 설명하는 유형
논술형	어떤 주제에 대해 자신의 생각을 논리적으로 서술하는 유형

10 시험 답안 쓰기

써 봅시다

1. 요약형

[문제 유형]

- 제시된 글을 200자 내외로 요약하시오. (띄어쓰기 포함)
- 제시된 글을 한 문단으로(한 문장으로) 요약하시오.

도움말

- 원문의 문장을 적절히 바꾸어 쓰되 글에 없는 자기주장은 하지 말 것
- 각 문단에서 말하고자 하는 주제를 파악해야 함.
- 핵심 단어들을 찾은 후 단어들을 조합하여 문장으로 만들어야 함.
- 만들어 놓은 문장들을 적당한 접속사를 사용해 논리에 맞게 연결해야 함.
- 완성된 글이 이야기 전체의 주제와 일치하는지 검토할 것

실전 문제

다음에 제시된 글을 250자 내외로 요약하시오.

이 지구상에는 수많은 민족들이 다양한 집단을 이루고 살고 있으며 또 그 집단의 수만큼이나 다양한 문화가 존재한다. 문화인류학자들이 이야기한 것처럼 각각의 집단들은 서로 다르게 생각하고 다르게 느끼며 다르게 행동한다. 그리고 그들의 문화는 서로 다를 뿐, 어느 한 집단이 다른 집단에 비해 더 낫다거나 더 못하다고 말할 수 없다. 따라서 어떤 집단이나 어떤 문화를 볼 때 문화 상대주의의 입장에서 바라볼 필요가 있다.

문화 상대주의란 어떤 문화나 인간의 행동은 다 그 사회 내에서 존재해야 할 이유가 있는 것이며 특정한 기준에 의해서 문화의 좋고 나쁨을 논할 수는 없다는 입장이다. 물론 문화 상대주의는 극단적인 경우 살인과 같은 나쁜 일에도 타당성이 있다고 생각하게 만드는 문제점이 있지만 다른 문화를 연구할 때 갖게 되기 쉬운 자민족 중심주의에서 벗어나게 해준다.

예를 들어 상대방을 쳐다보는 것에 대해서 한국과 미국에서 다르게 이해된다. 한국에서

는 상대방을 똑바로 쳐다보는 것은 도전적인 느낌을 주기 때문에 대화를 할 때 똑바로 쳐다보지 않는 것이 예의라고 생각한다. 그러나 미국인들은 대화할 때 상대방이 자신을 똑바로 쳐다보지 않으면 상대방이 자신의 이야기에 흥미가 없다고 생각한다. 이러한 문화의 차이로 서로 간에 오해가 생기고 심각한 문제로 발전하게 된다면 매우 안타까운 일일 것이다.

따라서 상대방이 나와 다르다는 것을 인정하고 이해하려는 노력을 할 때 올바른 문화 이해와 교류가 가능하며 그 문화를 만든 사회, 사람들을 제대로 만날 수 있을 것이다.

답 안

• 다음 답안을 보고 밑줄 친 부분의 어떤 점이 잘못되었는지 이야기해 보십시오.

[연습용 답안]

이 지구상에는 수많은 민족들이 다양한 집단을 이루고 살고 있으며 또 그 집단의 수만큼이나 다양한 문화가 존재한다. 다른 문화를 연구할 때는 문화상대주의 입장이 필수적이다. 이러한 입장이 없으면 문화연구를 할 때 실수를 하기 십상이다. 이러한 실수를 하지 않기 위해서는 미국과 한국의 문화의 차이를 잘 이해해야 한다. 그런데 상대방이 나와 다르다는 것을 인정할 때 올바른 문화 이해와 교류가 가능하며 그 문화를 만든 사회, 사람들을 제대로 만날 수 있을 것이다. (240자)

• 위의 답안과 모범 답안을 비교해 보십시오.

[모범 답안]

이 지구상에는 다양한 문화가 존재한다. 그러나 각각의 문화는 서로 다를 뿐이지 문화의 우열이 있는 것은 아니다. 따라서 다른 문화를 연구할 때 문화 상대주의의 입장은 필수적이다. 예를 들어 상대방을 쳐다보는 행동은 같은 행동이라도 미국과 한국 사회에서 다르게 이해된다. 이렇게 문화의 차이로 서로 오해와 심각한 문제가 생긴다면 매우 안타까운 일이 될 것이다. 다른 나라의 문화와 사람을 제대로 이해하려면 상대방이 나와 다르다는 것을 인정하고 이해하려는 노력을 해야 할 것이다. (250자)

2. 설명형

[문제 유형]

- ~과 ~을 비교하여 설명하라.
- ~에 대해서 쓰시오.

도움말

- 설명의 대상을 명확히 밝힐 것
- 여러 사항을 비교하여 설명할 때는 공통점, 차이점을 찾아 정리해야 함.
- 감정적이거나 주관적인 의견은 피해야 함.
- 구체적 사례나 예를 들어 설명하면 객관성을 입증할 수 있음.
- 서론–본론–결론의 구조로 쓸 경우 서론 부분이 너무 길어지지 않도록 할 것

실전 문제

인간의 언어와 동물의 언어를 비교하여 설명하라.

답 안

• 다음 답안을 보고 밑줄 친 부분의 어떤 점이 잘못되었는지 이야기해 보십시오.

[연습용 답안]

인간이랑 마찬가지로 동물도 언어를 가지고 있다고 생각한다. 즉, 인간뿐만 아니라 동물들도 의사소통을 위한 그들의 언어를 가지고 있다는 말이다. 그렇다면 과연 인간의 언어와 동물의 언어는 어떤 차이가 있을까? 지금부터 인간의 언어와 동물의 언어의 공통점과 차이점에 대해서 설명하고자 한다. 인간의 언어는 각각의 소리에 의미가 있다. 즉, 전달하려는 의미를 사회적으로 약속된 소리를 통해 표현한다. 그러니까 인간은 자기가 말하려는 것을 자기들끼리 약속된 음성 기호로 나타내는 것이라고 할까? 이것이야말로 인간 언어의 가장 큰 특징인 것 같다. 그밖에도 인간의 언어는 사회성과 창조성을 가지고 있다. 인간은 자기가 속한 사회의 약속에 따라 적당한 언어를 사용한다. 즉, 인간은 그들이 속한 사회의 약속에 맞게 언어를 사용하고 필요한 말은 새로 배우게 된다. 그리고 시간과 집단에 따라 언어가 변하게 되면 인간은 새로운 말을 만들기도 하고 필요한 언어를 새로 배우기도 하면서 변화에 적응한다. 이것은 동물의 언어와 확연히 다른 특징이라고 할 수 있다. 이상에서 보듯이 인간의 언어와 동물의 언어는 기본적으로 공통점을 가지고 있다. 하지만 인간의 언어만이 가지고 있는 많은 특징들은 동물의 언어와의 차이를 확실히 보여 주고 있지 않은가!

• 위의 답안과 모범 답안을 비교해 보십시오.

[모범 답안]

인간과 동물의 차이를 말할 때, 인간만이 언어를 사용한다는 말을 한다. 그러나 언어를 의사소통의 수단이라는 뜻으로 본다면 동물들도 의사소통을 위한 그들 나름대로의 언어를 가지고 있다고 할 수 있다. 이런 것을 동물의 언어라고 한다. 그러나 인간의 언어와 동물의 언어는 각각의 독자적인 특성이 있다.

인간의 언어는 소리와 의미로 구성되어 있다. 즉, 전달하고자 하는 의미를 음성기호로 나타내는 방식이다. 예를 들어 한국 사람들은 나무나 새라는 개념을 말할 때, [namu], [se]와 같은 소리로 나타낸다. 말하려는 뜻이 의미로 전달되는 것이 아니라, 소리라는 도구를 통해서 전달되는 것이다. 인간의 언어는 이렇게 소리와 의미로 나누어지는 분리성을 가지고 있다. 그러나 동물의 언어는 하나의 형식이 하나의 내용과 대응된다. 가령 원숭이가 배고플 때 내는 소리라든가, '위험하다'는 내용을 알릴 때 내는 소리는 그 전달하고자 하는 개념이 소리에 그대로 반영되어 있다. 그러니까 동물의 언어는 의미와 소리가 하나로 되어 있는 것이다.

그밖에도 인간의 언어가 동물의 언어와 다른 것은 사회성과 창조성을 가지고 있다는 것이다. 동물은 본능적으로 언어를 습득하게 되는 반면 인간은 그들이 속한 사회의 약속에 맞게 언어를 사용하며 학습에 의해 배우게 된다. 그리고 그것은 시간과 집단에 따라 변하기도 한다. 또한 인간은 한정된 요소 안에서 새로운 단어, 문장을 얼마든지 만들어서 사용한다. 이것은 동물의 언어와 확실히 다른 특징이라고 할 수 있다.

이상에서 보듯이 인간의 언어와 동물의 언어는 기본적으로 의사소통의 수단이라는 공통점을 가지고 있지만 인간의 언어만이 가지고 있는 많은 특징들로 인해 동물의 언어와 확실히 다르다는 것을 알 수 있다.

3. 논술형

[문제 유형]

- ~에 대해서 논하라.
- ~에 대한 자신의 입장을 쓰시오.

도움말

- 주어진 문제를 정확히 파악할 것
- 문제에 대한 자신의 입장을 세울 것
- 자신의 입장을 증명할 근거를 마련해야 함.
- 서론–본론–결론의 구성을 기본으로 각 부분에 쓸 내용을 정리할 것
- 정리된 내용을 논리적으로 연결하여 글을 완성해야 함.

실전 문제

주택가 무인 감시 카메라 설치에 대한 자신의 입장을 논하라.

10 시험 답안 쓰기

답 안

• 다음 답안을 보고 밑줄 친 부분의 어떤 점이 잘못되었는지 이야기해 보십시오.

[연습용 답안]

저는 주택가 무인 카메라 설치를 찬성한다. 지금은 범죄도 많고 너무나 불안한 세상이다. 그러나 무인 카메라는 사생활을 보호하지 못하기 때문에 반대하는 사람도 많다. 나도 그 생각에 약간 찬성한다. 그러니까 그 곳의 사람들에게 의견을 물어보고 설치에 대해서 결정하는 것이 좋다고 생각한다.

무인 카메라는 여러 가지에서 사용된다. 그리고 좋은 효과를 얻는 경우가 많다. 특히, 무인 카메라가 설치된 곳에서는 교통 규칙을 위반하는 차가 다른 곳보다 적다고 한다. 또한 무인 카메라는 범죄를 예방하는 효과도 있다. 무인 카메라가 있으면 범죄를 저지르려고 하다가도 그만 두는 경우가 많다고 한다. 게다가 카드를 훔쳐서 은행 현금지급기를 이용하는 범인을 잡기도 했다고 한다. 이렇게 무인 카메라는 시민들이 안전하게 생활할 수 있게 해 준다. 무인 카메라가 사생활을 침해하는 면이 있기는 하지만 그래도 우리에게 주는 이익이 더 많은 것 같다.

이상으로 볼 때 무인 카메라 설치는 단점보다 장점이 더 많은 것 같으니까 공공장소뿐만 아니라 주택가에도 무인 카메라를 설치해서 완전히 안전한 우리 마을을 만드는 것이 좋은 것 같습니다.

• 위의 답안과 모범 답안을 비교해 보십시오.

[모범 답안]

나날이 증가하는 범죄는 이제 경찰의 힘만으로 해결할 수 없을 정도가 되고 있다. 그 방법도 점점 잔인해져서 사람이 많이 다니지 않는 시간에는 밖에 다니기도 겁이 나는 세상이 되었다. 이러한 상황에서 주택가 무인 카메라 설치는 범죄 감소와 시민들의 안전한 생활을 위해 반드시 필요한 것이라고 생각한다. 무인 카메라가 사생활을 침해한다는 이유로 반대를 하는 사람들도 많은 것이 사실이다. 그러나 사생활 침해 때문에 무인 카메라가 가져오는 더 큰 이익을 버릴 수는 없다.

무인 카메라 설치는 여러 가지 효과가 있다. 특히, 주택가 무인 카메라 설치는 범죄 예방, 범인 검거, 안정감의 면에서 효과가 있다. 실제로 강남의 한 주택가에서 무인 카메라를 설치한 결과 범죄 발생률이 41% 감소했다고 한다. 이러한 결과는 시민들에게 안심하고 생활할 수 있는 안정감을 준다. 반면 주택가에 설치된 무인 카메라가 개인의 사적인 공간일 수도 있는 골목길, 집 앞 등을 그대로 보여주기 때문에 심각한 사생활 침해가 될 수 있다는 의견도 있다. 그러나 지금의 세상은 예전의 안전한 세상과 많이 다르다. 이제는 더 이상 예전처럼 모든 것을 누리고 살 수 없는 세상이 된 것이다. 따라서 골목길에서의 사생활 정도는 포기하고 살아도 된다고 생각한다.

무인 카메라를 주택가에 설치하는 것은 지금처럼 불안한 세상에서 시민들의 삶의 질을 높이기 위해서 꼭 필요한 일이다. 비록 약간의 불편함은 있겠지만 그 정도는 안전한 생활을 위해 겪어도 되는 일이라고 생각한다.

과 제

다음 문제 중에서 하나를 골라 답안을 작성해 보십시오.

1.

<문제> 다음에 제시된 글을 250자 내외로 요약하시오.

지난 1920년대 말 염화불화탄소(CFC)이라는 물질이 발명되었을 때 사람들은 "이렇게 인체에 해도 없고 사용할 곳이 많은 물질이 또 있을까?"하고 감탄했다. 이 물질을 생산하기 시작한 프랑스의 뒤퐁사는 갑자기 돈방석에 앉았다. CFC는 인간의 생활을 편리하게 변화시켰고 사람들은 더욱 여유있는 생활을 하게 되었다.

그러나 70여년이 지난 오늘날 CFC야말로 지구를 보호하고 있는 오존층을 파괴하여 강력한 자외선이 지구로 들어오게 하는 주범이라는 사실이 밝혀졌다. 즉 CFC는 지구의 생태계를 위협하고 있는 원인 물질 중의 하나인 것이다. 이같은 사실은 사람들에게 큰 충격을 주었고 과학 기술은 이제 자연 파괴의 원인으로서 비판의 대상이 되었다.

오늘날 환경문제는 기본적으로 인간과 자연의 관계에서 비롯되며 여기에 과학 기술이 중요한 역할을 한다. 과학 기술은 풍요로운 물질과 편안한 생활을 보장하는 반면 자연 파괴의 원인이 되기도 한다. 그래서 과학을 보는 사람들의 관점도 다르게 나타난다. 과학의 발달은 계속 되어야 한다는 낙관론과 과학 기술의 발달은 인류를 파괴시킨다는 비관론이 그것이다.

과학 기술의 이러한 두 가지 생각은 너무나 달라서 도저히 양립할 수 없는 것처럼 보인다. 그러나 오늘의 현실에서는 어느 쪽도 포기할 수 없는 상황이다. 따라서 환경 보존과 경제 발전을 함께 할 수 있는 방법을 찾는 것이 오늘날 우리의 과제이다. 즉, 환경을 보호하면서 경제를 개발할 수 있는 방법을 찾아야 한다. 이런 노력이 성공을 할 때 미래 사회는 경제 성장과 생태계 보전이 가능한 사회가 될 것이다.

2.

<문제> 과학과 미신의 공통점과 차이점을 비교하여 설명하라.

3.

<문제> 제시된 이야기를 읽고 원칙주의와 현실주의 중에서 1가지 입장을 택하여 논하라.

> 옛날 중국에 원칙대로만 사는 미생이라는 사람이 있었다. 어느 날 그는 아가씨와 다리 밑에서 만나자고 약속했다. 그런데 기다리는 동안 아가씨는 오지 않고 큰 비가 내려서 물이 불어나기 시작했다. 그러나 미생은 약속을 지켜야 한다는 생각으로 다리를 붙잡고 그 자리를 떠나지 않았다. 결국 미생은 물에 빠져 죽고 말았다.

* 원칙주의 : 어떤 경우에도 예외 없이 일정한 기준과 원칙을 적용하겠다는 태도

* 현실주의 : 특수 상황에서는 기준이나 원칙을 적당히 타협하여 적용하겠다는 태도

<table>
<tr><td>감독
자인</td><td></td><td colspan="5">시험일: 년 월 일</td><td>평점</td><td></td></tr>
<tr><td>시험
과목</td><td></td><td>담당
교수</td><td></td><td>학과 학년</td><td>학번</td><td></td><td>성명</td><td></td></tr>
</table>

10 시험 답안 쓰기

정리해 봅시다

친구의 답안을 읽고 다음 표에 표시한 후 무엇이 잘못 되었는지 이야기해 보십시오.

평가 항목			✓
문제 읽기		문제가 요구하는 내용을 썼는가?	
		문제에 맞는 유형의 답을 썼는가?	
내용 구성하기		단락별, 또는 서론, 본론, 결론에 맞게 글이 정리되었는가?	
		글 전체가 하나의 완결된 글이 되었는가?	
		길이가 적당한가?	
답안 작성하기	표현	문어체에 맞게 썼는가?	
		주어와 서술어의 호응이 잘 맞았는가?	
		감정적이거나 단정적인 표현을 쓰지 않았는가?	
		축약어, 유행어 등을 쓰지 않았는가?	
	내용	한 문장의 길이가 너무 길지 않고 적당한가?	
		시험지 양쪽에 적당한 여백을 두었는가?	
		단락이 시작될 때 첫 칸을 비웠는가?	
		맞춤법, 문장부호, 띄어쓰기에 오류가 없는가?	

답안 수정

1. 요약형

이 지구상에는 수많은 민족들이 다양한 집단을 이루고 살고 있으며 또 그 집단의 수만큼이나 다양한 문화가 존재한다. (본문의 내용을 그대로 옮겨 쓰는 것은 좋지 않다. 또한 이 문장 뒤에는 다음 문장을 자연스럽게 연결하는 접속사가 필요하다.) 다른 문화를 연구할 때는 문화상대주의 입장이 필수적이다. 이러한 입장이 없으면 문화연구를 할 때 실수를 하기 십상이다. (원문에서 언급하지 않은 내용이므로 삭제하는 것이 좋다.) 이러한 실수를 하지 않기 위해서는 미국과 한국의 문화의 차이를 잘 이해해야 한다. 그런데(앞의 문장과의 연결이 자연스럽지 않은 접속사이다.) 상대방이 나와 다르다는 것을 인정할 때 올바른 문화 이해와 교류가 가능하며 그 문화를 만든 사회, 사람들을 제대로 만날 수 있을 것이다. (본문 내용 중 뺄 수 없는 중요한 내용은 문장 순서를 다르게 하거나 다른 단어를 사용해서 쓴다. 이렇게 완전히 똑같이 쓰는 것은 피한다.)

2. 설명형

나는('나'라는 주어를 사용하지 않는다.) 인간이랑(구어체는 피한다.) 마찬가지로 동물도 언어를 가지고 있다고 생각한다.(불확실하고 주관적인 표현은 피한다.) 즉, 인간뿐만 아니라 동물들도 의사소통을 위한 그들의 언어를 가지고 있다는 말이다.(자기주장이 강한 느낌이 있는 표현이다.) 그렇다면 과연 인간의 언어와 동물의 언어는 어떤 차이가 있을까? 지금부터(발표식의 표현이며 쓰기에는 적당하지 않다.) 인간의 언어와 동물의 언어의 공통점과 차이점에 대해서 설명하고자 한다. 인간의 언어는 각각의 소리에 의미가 있다. 즉, 전달하려는 의미를 사회적으로 약속된 소리를 통해 표현한다. 그러니까 인간은 자기가 말하려는 것을 자기들끼리 약속된 음성 기호(이것에 대한 예를 들어 이해를 돕는 것이 좋다.)로 나타내는 것이라고 할까?(구어체이므로 피한다.) 이것이야말로(너무 단정적이다.) 인간 언어의 가장 큰 특징인 것 같다.(불확실하고 주관적인 표현) 그밖에도 인간의 언어는 사회성과 창조성을 가지고 있다. 인간은 자기가 속한 사회의 약속에 따라 적당한 언어를 사용한다. 즉,(불필요하게 자주 사용되었다.) 인간은 그들이 속한 사회의 약속에 맞게 언어를 사용하고 필요한 말은 새로 배우게 된다. 그리고 시간과 집단에 따라 언어가 변하게 되면 인간은 새로운 말을 만들기도 하고 필요한 언어를 새로 배우기도 하면서 변화에 적응한다. 이것은 동물의 언어와 확연히 다른 특징(동물의 언어에 대해서는 전혀 설명이 없었다.)이라고 할 수 있다. 이상에서 보듯이 인간의 언어와 동물의 언어는 기본적으로 공통점(어떤 공통점인지 설명이 없다.)을 가지고 있다. 하지만(구어체는 피한다.) 인간의 언어만이 가지고 있는 많은 특징들은 동물의 언어와의 차이를 확실히 보여주고 있지 않은가!(감정적인 표현은 피한다.)

〈기타〉

- 문단의 구별이 없어서 서론, 본론, 결론이 어떻게 나누어져 있는지 알 수 없다.
- 비교하는 문제인데 한 쪽에 대한 설명만 하고 있다.

3. 논술형

저는('저'대신 '나'라고 표현하거나 주어를 안 쓰는 것이 좋다.) 주택가 무인 카메라 설치를 찬성한다. 지금은 범죄도 많고 너무나 불안한 세상이다. 그러나 무인 카메라는 사생활을 보호하지 못하기 때문에 반대하는 사람도 많다. 나도 그 생각에 약간 찬성한다.(논술형 글에서는 이러한 중간적인 태도는 좋지 않다.) 그러니까 그 곳의 사람들에게 의견을 물어보고 설치에 대해서 결정하는 것이 좋다고 생각한다.(서두에서의 입장과 달라진 입장이다. 자신의 입장을 끝까지 지켜야 한다.)

무인 카메라는 여러 가지에서 사용된다. 그리고 좋은 효과를 얻는 경우가 많다. 특히, 무인 카메라가 설치된 곳에서는 교통 규칙을 위반하는 차가 다른 곳보다 적다고 한다.(이 문제는 '주택가'에서의 무인 카메라 설치를 묻는 질문이다. 주제와 맞지 않는 것을 너무 강조하고 있다.) 또한 무인 카메라는 범죄를 예방하는 효과도 있다. 무인 카메라가 있으면 범죄를 저지르려고 하다가도 그만 두는 경우가 많다고 한다. 게다가 카드를 훔쳐서 은행 현금지급기를 이용하는 범인을 잡기도 했다고 한다.(이 부분도 주택가 무인 카메라와 관계없는 내용이다.) 이렇게 무인 카메라는 시민들이 안전하게 생활할 수 있게 해 준다. 무인 카메라가 사생활을 침해하는 면이 있기는 하지만 그래도 우리에게 주는 이익이 더 많은 것 같다.(글이 진행되면서 주제가 주택가 무인 카메라 설치가 아니라 일반적인 무인 카메라 설치 문제로 되었다.)

이상으로 볼 때 무인 카메라 설치는 단점보다 장점이 더 많은 것 같으니까(여기에서 문장을 끊고 새로운 문장을 시작하는 것이 좋다. 한 문장의 길이가 너무 길다.) 공공장소뿐만 아니라 주택가에도 무인 카메라를 설치해서 완전히 안전한(지나치게 과장된 표현이다.) 우리 마을을 만드는 것이 좋은 것 같습니다.(종결어미가 글쓰기에 맞지 않으며 다른 문장과도 일치하지 않는다.)

부록

모범 답안

모범 답안

01 글쓰기의 기초

구상해 봅시다

[연습]

오염의 종류 : 수질 오염, 대기 오염

오염의 원인 : 매연, 음식물 쓰레기

오염의 결과 : 지구 온난화, 환경 파괴

오염의 해결책 : 쓰레기 분리수거, 일회용품 사용 제한

[연습]

다이어트의 원인 : 광고의 영향, 비만에 대한 차별, 아름다운 외모 지향

다이어트의 문제점 : 건강 상의 부작용, 경제적 비용, 외모지상주의 강화

문제의 해결책 : 주체적 판단력, 인식의 변화, 자신에 대한 자신감

써 봅시다

[연습 1]

1) 해외여행을 하는 방법은 크게 두 가지로 나눌 수 있다. (두괄식)
2) 학생들은 자신에게 맞는 공부법을 선택해야 한다. 학생들은 자신의 성격과 생활방식에 맞는 방법으로 공부하는 것이 효과적이다. (양괄식)
3) 환경오염을 줄이기 위해서는 가정에서 쓰레기를 줄이도록 노력해야 한다. (미괄식)

[연습 2]

1단락 : 1 : 일정한~ 3 : 만들어지게 되었다.

2단락 : 4 : 체벌은~ 8 : 가지고 있는 것이다.

3단락 : 8 : 체벌을~ 12 : 한 방법이다.

주제문

1단락 : 최근에 체벌에 대한 부정적인 인식이 확산되어 체벌을 금지하는 법이 만들어지게 되었다.

2단락 : 체벌은 교육적 효과가 있다.

3단락 : 체벌을 금지하는 것은 교사와 학생의 관계를 더욱 나쁘게 만들 수 있다.

[연습 3]

(가) ❸ (나) ❷ (다) ❶ (라) ❹

02 설명문

준비해 봅시다

[예시]

	주요 내용	설명 방법
처음 (머리말)	약식의 소개와 유래	정의
중간 (본문)	약식을 만드는 방법과 특징	나열
끝 (맺음말)	오늘날의 약식	

03 요약문

준비해 봅시다

1. ❶, ❸

써 봅시다

1. [연습 1]

	옛	날		사	람	들	은		신	체	의		감	각		기	관	이	나		경	험	을	
바	탕	으	로		날	씨	를		예	측	하	였	다	.		그	러	다	가		17	세	기	
중	엽		관	측	기	를		이	용	해		날	씨	를		예	측	하	였	다	.		그	
후		현	대	에		이	르	러	서	는		기	상		위	성	에		의	한		관	측	이
시	작	되	었	고		최	근	에	는		슈	퍼	컴	퓨	터	를		이	용	해		정	확	하
고		신	속	하	게		기	상	을		예	측	할		수		있	게		되	었	다	.	

[연습 2]

	한	국		사	람	들	은		술	을		좋	아	하	고		많	이		마	신	다	.	
그	러	다	보	니		음	주	로		인	한		암		발	생	률	이		증	가	하	고	
음	주		운	전	으	로		인	한		교	통	사	고	도		느	는		등		여	러	
가	지		문	제	가		발	생	한	다	.		이	러	한		문	제	점	을		해	결	하
기		위	해	서	는		술		소	비	를		줄	여	야		한	다	.		술		소	비
를		줄	이	려	면		주	류	세	를		인	상	하	는		것	이		한		가	지	
방	법	이		될		수		있	다	.		가	장		좋	은		방	법	은		아	닐	지
모	르	지	만		정	부	가		할		수		있	는		가	장		신	속	하	고		확
실	한		방	법	이		될		수		있	을		것	이	다	.							

2. [연습 1]

1) 1단계 : 단락 나누기

첫째 단락	1:이전에는 ~ 5:시장을 이용하기도 한다
둘째 단락	5:소비 형태가 ~ 10:어려움을 겪고 있다
셋째 단락	10:소비자의 ~ 13:성장할 수 있다

2) 2단계 : 핵심 내용 쓰기

첫째 단락	소비 형태가 달라졌다
둘째 단락	소비 형태가 변한 이유
셋째 단락	시장의 변화에 맞춰야 한다

3) 3단계 : 요약하기

	이	제	는		소	비		형	태	가		달	라	졌	다	.		돈	이		많	다	고	
비	싼		물	건	을		사	고		돈	이		없	다	고		싼		물	건	을		사	는
것	이		아	니	라		필	요	에		따	라		비	싼		물	건	을		사	기	도	
하	고		싼		물	건	을		사	기	도		한	다	.		소	비		형	태	가		변
한		이	유	는		소	비	자	들	의		생	활	수	준	이	나		생	활	양	식		등
이		변	했	기		때	문	이	다	.		소	비	자	들	은		자	신	의		필	요	나
용	도	,		관	심	에		따	라		돈	을		얼	마	나		지	불	해	야		하	는
지		정	확	히		알	고		행	동	한	다	.		경	쟁	에	서		살	아	남	으	려
면		소	비	자	의		변	화		방	향	을		읽	고		그	에		대	응	해	야	
한	다	.																						
	시	장	의		변	화	에		맞	춰	야		브	랜	드	가		유	지	되	고		성	장
할		수		있	다	.																		

[연습 2]

1) 1단계 : 단락 나누기

첫째 단락	1 : 세계가 ~ 3 : 물어보았다
둘째 단락	3 : 새로 ~ 9 : 새로 생긴 예절이다
셋째 단락	9 : 필요없다고 ~ 11 : 많이 있다
넷째 단락	11 : 대체로 ~ 14 : 것이다

2) 2단계 : 핵심 내용 쓰기

첫째 단락	한국의 예절은 어떻게 바뀌고 있을까
둘째 단락	새로 생긴 예절
셋째 단락	필요없는 예절
넷째 단락	젊은이의 실질적이고 자유로운 사고방식

모범 답안

3) 3단계 : 요약하기

한국의 예절은 어떻게 바뀌고 있는지 젊은이 5000명에게 물었다. 새로 생긴 예절은 특별한 날 선물이나 카드를 전하는 것, 악수, 각자부담이나 영어 인사, 호칭 변화 등이다. 필요없는 예절은 큰절, 음식 많이 차리기, 돌잔치, 백일잔치, 명절 때 선물 보내기 등이다. 젊은이들은 형식적인 사고에서 벗어나 실질적이고 자유로운 사고를 좋아하기 때문에 솔직하게 표현하는 예절이 점차 많아지고 있는 것이다.

[과제]

2.

첫째 문단	1 : 미국에서 ~ 4 : 큰 희망이다	인간 복제는 큰 희망이다
둘째 문단	4 : 그러나 ~ 16 : 있을 것이다	생물 복제에 따른 위험과 한계는 심각하다
셋째 문단	16 : 그러한 ~ 19 : 밝지 않다	인간 복제의 미래는 밝지 않다

3.

아기를 못 갖는 사람이나 사고로 아이를 잃은 부모에게 인간 복제는 큰 희망이다. 그러나 인간 복제의 성공률은 매우 낮다. 그렇다면 앞으로 태어날 많은 비정상적인 아이들은 어떻게 할 것인가? 빈곤이나 기아로 많은 아이들이 정상이 아닌 현실에 또 다른 불행을 만들어야 할까. 그러나 인간 복제를 막을 방법은 없다. 점점 많은 나라들이 인간 복제를 허용하고 있다. 물론 질병 치료를 위해서 인간 복제는 필요하다. 그러나 복제 인간의 출현은 인류사회를 파멸로 이끌지 모른다. 생로병사에 대한 한계를 인간이 깨닫지 못할 때 인간은 사랑과 생명의 존엄성을 잃는 기계 사회가 된다. 인간 복제의 미래는 결코 밝지 않다.

04 수필

준비해 봅시다

[예시]

처 음	1 : 한국에 ~ 3 : 일인 것 같다.
중 간	4 : 한국에 ~ 11 : 당황했던 것 같다.
끝	12 : 사람은 ~ 15 : 되겠지

05 조사 보고서

준비해 봅시다

[예시]

1. 조사 목적	20~30대 여성들의 성형수술에 대한 의식 변화 조사
2. 조사 대상 및 방법	20~30대 여대생 및 직장 여성 50명 설문조사
3. 조사 내용 및 결과	원그래프 참고
4. 조사를 통해 얻은 결론	과거에 비해 매우 개방적인 의식을 가지고 있음.

06 서평

준비해 봅시다

[예시]

책에 대한 소개	2008년에 출간된~읽게 되었다.
저자 소개	이 책을 쓴 ~고민하기 시작했다고 한다.
책의 내용	이 책은 저자가~이야기 하고 있다.
인상적인 점	이 책에서 인상적인 부분은~것이라고 말한다.
책에 대한 평가	이 책은 고민하는 것을 ~의미 있는 책이다.
자신의 감상	이 책을 읽고~권하고 싶다.

07 비판 · 논쟁형 논설문

준비해 봅시다

[예시]

서 론	1 : 현재 ~ 4 : 두 가지 이유에서 바람직하다.
본 론	5 : 첫째, 낙태는 우선 ~ 13 : 보상을 받기도 어렵다.
결 론	14 : 가장 이상적인 것은 ~ 18 : 일이 시급하다

08 문제 · 해결형 논설문

준비해 봅시다

[예시]

대화 단절의 이유, 해결책

09 비교 · 대조형 논설문

준비해 봅시다

[예시]

차이점, 공통점

10 시험 답안 쓰기

답 없음